国家出版基金项目
NATIONAL PUBLICATION FOUNDATION

辛亥著名人物传记丛书

孟祥才 著

梁启超

团结出版社
UNITY PRESS

图书在版编目（ＣＩＰ）数据

梁启超 / 孟祥才著． -- 北京 ： 团结出版社，
2011.6（2022.1 重印）
（辛亥著名人物传记丛书）
ISBN 978-7-5126-0355-4

Ⅰ．①梁… Ⅱ．①孟… Ⅲ．①梁启超（1873～1929）
－传记 Ⅳ．①B259.1

中国版本图书馆 CIP 数据核字(2011)第 073756 号

出　版：团结出版社
　　　　　（北京市东城区东皇城根南街 84 号　　邮编：100006）
电　话：(010) 65228880　65244790　（出版社）
　　　　　(010) 65238766　85113874　65133603（发行部）
　　　　　(010) 65133603（邮购）
网　址：http://www.tjpress.com
E-mail：zb65244790@vip.163.com
　　　　　tjcbsfxb@163.com（发行部邮购）
经　销：全国新华书店
印　装：三河市东方印刷有限公司

开　本：170mm×240mm　　16 开
印　张：13.25
字　数：172 千字
版　次：2011 年 6 月　　第 1 版
印　次：2022 年 1 月　　第 4 次印刷

书　号：978-7-5126-0355-4
定　价：39.00 元

辛亥著名人物传记丛书
总序言

　　整整一百年前，在中国处于半殖民地半封建黑暗统治的时代，爆发了一场对中国历史发展进程产生巨大影响的革命，这就是以伟大的革命先行者孙中山为代表的革命党人发动的辛亥革命。这场革命，是中国近代历史上一次比较完全意义的反帝反封建的民族民主革命，它推翻了清朝政府，结束了中国几千年的封建君主专制制度，同时沉重打击了帝国主义在华侵略势力。中华民国的建立，标志着中国历史进步的新纪元。辛亥革命极大地推动了中华民族的思想解放，为中国先进分子探索救国救民的道路打开了新的视野，八年后，五四运动爆发；十年后，中国共产党诞生。辛亥革命开启的革新开放之门，对于推动中国社会的发展与进步具有不可估量的历史功绩和伟大意义。

　　以孙中山为代表的革命党人，在开启思想闸门、传播先进思想、点燃革命火种、推动历史进步的过程中发挥了重要作用。他们站在时代前列，为追求民族独立和民主自由而向反动势力宣战；他们不惜流血牺牲，站在斗争一线浴血奋战；他们具有坚定的信念和坚强的意志，愈挫愈奋，在失败中不断汲取和凝聚新的力量；他们适应历史发展的趋势，与时俱进，不断修正前进的方向和斗争的目标。正是因为有了这样一批革命先驱和仁人志士，才有了辛亥革命的爆发，也才有了以此为开端的中国民族民主革命的不断发展和最终胜利。当然，我们在分析评价历史人物时，既要看到他们有超越时代的进步性，又要看到他们不可避免地受到社会客观条件影响而具有的局限性与片面性，这是我们在看待历史人物时应当坚持的历史唯物主义态度，也就是既不文过饰非，也不苛求前人。

几十年来，关于辛亥革命及其重要人物的研究工作不断深入，也陆续出版了大量的图书、画册等，但仍然不是十分系统和完整，有些出版物受到时代因素和其他客观条件的影响，难免有失偏颇和疏漏。在即将迎来辛亥革命100周年的时刻，团结出版社编辑出版了本套《辛亥著名人物传记丛书》，并得到国家出版基金的资助，这充分表明了国家对于辛亥革命历史研究的重视。这套丛书的出版，无疑是一件非常有意义的事，既可以对辛亥革命的研究工作起到重要的填补空白和补充资料的作用，同时也是对立下丰功伟绩的仁人志士的纪念与缅怀。

为了保证本套丛书的编辑质量，编辑委员会在民革中央的领导下，做了大量认真细致的组织工作，特别是邀请了著名专家金冲及先生、章开沅先生、李文海先生担任顾问，他们在百忙之中分别对本套丛书的编辑思想、人物范围、框架体例、写作要求等方面提出了重要的指导性意见，成为本套丛书能够高质量出版的重要保证。此外，参与本套丛书写作的，都是在近代历史和人物的研究方面卓有建树的专家学者，他们既有对辛亥革命历史进行深入研究的学术功底，又有较丰富的写作经验和较高的文字水平，因此，我们可以寄希望于本套丛书的出版，会对推动辛亥革命及其重要人物研究工作的不断深入起到重要作用，对弘扬爱国主义、提高民族凝聚力，实现中华民族的伟大复兴产生积极的影响。

周铁农

2011年3月16日

目　录

引　言

梁启超

引　言

　　梁启超（1873—1929），是中国近代资产阶级改良派的著名政治家、思想家、史学家、文学家和泰山北斗式的国学大师。在 1898 年戊戌维新变法运动中，他追随康有为，奔走国事，联络同志，组织力量，撰写文章，满腔血泪，慷慨悲歌，大声疾呼亡国危险，力主变法图强，振兴中华，对沉睡的中华民族起到了一种振聋发聩的警醒作用，产生了广泛的社会影响，他也成为那个时代向西方寻找真理的先进的中国人之一。变法运动失败后，他亡命日本，游历美洲，以日本为基地，创办《清议报》《新民丛报》，无情抨击清王朝的黑暗和腐败，努力宣传西方资产阶级的自由、平等、民权、立宪，在中国近代的思想启蒙运动中发挥了不可替代的作用，成为"文名满天下"的"舆论界的骄子"。辛亥革命以后，在翻云覆雨的北洋政潮中，他虽然有依附北洋军阀、打击革命派的不光彩记录，但同时也有积极参与策划"护国之役"和反复辟之役，以反对袁世凯帝制自为和张勋复辟清室的正义行动，并且一直为在中国建立共和立宪的政治体制奔走呼号。这说明他始终追求国家的富强和社会的进步。

　　在中国近代史上，梁启超同时是一位勤奋好学、才华横溢、学识渊博、成绩卓著的学者，留下了卷帙浩繁的长达 148 卷、1400 多万字的《饮冰室合集》。其用功之勤，著述之丰，下笔之迅捷，文字之感情充沛、恣肆汪洋，在中国近代的著作家中，几无一人能望其项背。由于他积极地参与了中国近代的几乎一切政治活动和文化运动，其文章涉及了中国近代社会政治、经济、思想和文化的各个方面，所以他的著作就成为后世研究中国近代史，尤其是资产阶级改良派的政治活动和文化学术思想的重要资料。

梁启超的学术著作，涉及政治、哲学、史学、文学、经济、财政、金融、法律、伦理、新闻、宗教等许多学科。时间上囊括古今，地域上兼及中外。尤其在先秦、明清和近代的学术思想研究方面，推出了一大批颇有见地的论著，再加上他作为清华国学研究院导师培养了一批蜚声中外的学者，从而产生了巨大而深远的影响。他不失为中国近代学术研究走向现代化并与国际接轨的重要开拓者，一位影响了一个时代的思想巨人和学术大师。

尽管在1905年至1908年的革命派与改良派的大论战中梁启超作为改良派的主帅站到了革命派的对立面，但在客观上他仍然为辛亥革命的爆发和成功做了不少具有积极意义的工作。因为在此前后，他一方面通过揭露和抨击清王朝的反动和腐朽，告诉国人这个王朝除了灭亡之外不配有另外的命运，从而激起了革命派和广大人民群众推翻清王朝的决心和信心。一方面又通过办报和著述，大量地介绍和传播了西方资产阶级的政治、经济、哲学、历史、文学以及道德、美学等学科领域的理论和著作。从达尔文的进化论到卢梭的民约论，从德国的古典哲学到英国的古典政治经济学，从克鲁泡特金的无政府主义到英、法等国的空想社会主义，甚至马克思主义经典作家的某些著作，都通过他主持的报刊介绍给了中国读者。这些思想和理论的输入，大大拓展了中国人民特别是知识分子的视野，促进了思想启蒙运动的发生和发展，对近代中国资产阶级革命运动的兴起和革命理论的形成起到了巨大的促进作用。因此，公正地说，梁启超在《初归国演说辞·鄙人对于言论界之过去及将来》中认为辛亥革命"为十余年来激烈温和两派人士之心力所协同构成"的观点，还是有一定道理的。

在纪念辛亥革命一百周年的时候，我们当然应该颂扬革命先烈的丰功伟绩，但也应该记住梁启超的不朽贡献。在推进近代中国的政治、经济，尤其是社会和思想文化向现代化转型的艰难而曲折的征途上，梁启超所建树的历史功勋是永远不可磨灭的。

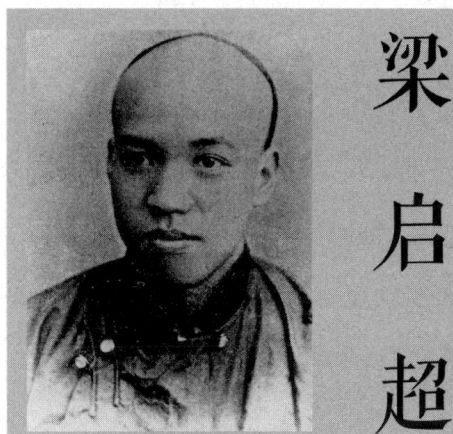

梁启超

第一章

少年英才

家世

"神童"秀才，少年举人

康有为的得意门生

一、家世

梁启超（1873—1929），字卓如，号任公，后来在《清议报》和《新民丛报》发表文章时，又经常使用"饮冰室主人"的笔名，所以又以此为号。他是中国近代著名的政治家、思想家和蜚声中外的学术大师。清同治十二年（1873年）2月23日出生在广东省新会县熊子乡茶坑村的一个耕读世家。广东地处南海之滨，是中国最早受到欧风美雨洗礼的地方。被毛泽东誉为中国共产党出世前向西方寻求真理的四个先进的中国人中，除严复外，其余三人洪秀全、康有为和孙中山都诞生在这里。梁启超出生的时候，太平天国的领袖洪秀全已经去世9周年，近代资产阶级改良派的领袖康有为已经是15岁的饱读诗书的翩翩少年，而伟大的近代资产阶级革命的先行者孙中山已经7周岁，正在故乡香山县（今中山市）翠亨村的私塾读书。

梁启超的家乡熊子乡茶坑村，位于新会县的最南端，是西江支流潭江冲积而成的一个小岛，背山面海。村前是一条常年清流不断的小河，时时有小船来往，运送各种货物，是这里通往外地的主要水路通道。村后是一座蜿蜒起伏的熊子山，山上耸立着笔挺的凌云塔，犹如一支巨笔直插蓝天，所以又名文笔塔。梁启超成名后，乡亲们都说自己村的风水好，尤其是巨笔形的凌云塔预示着这里将走出名扬天下的文化巨人。

新会是广东省具有悲壮历史的一个大县，具有丰厚的文化积淀。距茶坑不远的厓山，是南宋誓死抵抗蒙古铁骑、最后背负小皇帝赵昺蹈海而死的陆秀夫壮烈殉国的地方。厓山下的大忠祠，祭祀着文天祥、陆秀夫和张世杰三位民族英雄。茶坑村的北帝庙，绘有廿四忠臣、廿四孝子的画像，一年四季香火不断。这一切，标志着这里有着深厚的爱国主义和忠孝节义的文化传统。

广东新会梁启超故居

　　茶坑村的梁氏家族是宋朝时期从中原辗转迁来的。传至梁启超的祖父梁维清（1815—1892）的时候，梁氏已经是这里的大家族，有三千多人，占全村五千余人的一多半。梁维清字延后，号镜泉先生。他意志坚强，读书刻苦，是梁氏宗族的第一个秀才，后又捐了个附贡生，做过管理一县文教工作的八品教谕。梁维清的从政，使他们家的经济条件稍有改善，得以购进十多亩土地和置备一些经史图书，大大增强了家庭的文化气息。梁启超的父亲梁宝瑛（1849—1916），字莲涧，是梁维清的第三个儿子。他虽然也像自己的父亲一样勤奋读书，但却屡试不第，从少年童子到两鬓星霜，连个秀才也没有考取，只能在乡里做个教书先生度日。他们父子都为人忠厚，热心公益事务，在村民和宗亲中有着很高的威望。

　　梁启超的母亲赵氏出身书香门第，祖父是举人，父亲是庠生。她知书达礼，是中国传统的贤妻良母的典型。她重视后辈的教育，特别关注他们的品德修养。1902 年，梁启超在《三十自述》中，曾以深情的笔触回忆了母亲醇厚纯朴、温良恭俭让的品德。其中说母亲教育他们兄弟为人要诚实，并说有一次他因为在一件小事上撒了谎，就被母亲毫不客气地责打了一顿。赵氏生了四子二女，在梁启超15岁时因难产而去世。梁启超还有一位继母和一位庶母。他是长子，有兄弟七人。同母弟启勋、庶母弟启雄也有名于时。

梁启超的家庭虽不富裕而足可温饱，虽算不上诗书继世却有浓厚的文化氛围。这一切，使他在自己的生命起航时就站到了较有利的起跑线上。

二、"神童"秀才，少年举人

梁启超出世的时候，他的祖父正做教谕，父亲也正为科举而刻苦读书，加之母亲粗知诗书，他们对这位将来顶门立户的梁门长子自然寄予满腔热望。二三岁时，母亲就教他读诗，四五岁时，父亲就教他读当时儿童的开蒙读物。10岁前，一直在家由祖父、父亲指导读书，没有外出就学，正如他在父亲去世时的《哀启》中所说："启超启勋及群从昆弟，自幼皆未尝出就外傅。学业根柢，立身藩篱，一铢一黍，咸禀先君子之训也。"

梁启超自幼聪敏，灵慧异常。6岁读完四书五经，7岁学习《中国史略》，8岁学做八股文，9岁即能写出洋洋千言的文章。由此，他"神童"的美名就逐渐传开了。至今，梁启超童年巧对联语的故事还在新会广为流传，为人们津津乐道。据说他七八岁时，塾师张乙星想考他对对子的才能，就出了一句上联"东篱客赏陶潜菊"，梁启超立刻对出下联"南国人怀召伯棠"。对仗协韵工整，用典贴切巧妙。梁启超9岁那年春天，父亲带他去朋友李兆镜家做客。他被花园盛开的杏花吸引，急忙摘下一枝玩赏。被父亲和李先生发觉后，他忙不迭地将花枝藏入袖中。父亲责令他赔礼道歉，李先生则罚他对一联语。李先生出上联："袖里笼花，小子暗藏春色。"

梁启超猛然看见屋内厅堂悬挂的一面青铜镜,灵感马上来了,于是脱口而出:"堂前悬镜,大人明察秋毫。"同样对得巧妙贴切。对对子是当时私塾老师对学生的基本训练之一,梁启超对对子的故事充分反映了他的早慧、机敏和超常的记忆力以及灵活运用典故的能力。

童年时代的梁启超,除了读书外,还不时跟随祖父、父亲去大忠祠和北帝庙,瞻仰历史上的民族英雄和忠臣孝子的塑像与画像,听讲他们那些激动人心的故事。每逢清明节,他们兄弟还随大人乘舟去厓门祭扫高祖墓。船过南宋水师最后覆灭、标志南宋灭亡的古战场,祖父总是义愤填膺地讲述陆秀夫、张士杰、文天祥等民族英雄英勇抗敌、壮烈殉国的故事。

崇高的爱国主义精神一直滋润着他们的心灵。这时的梁启超,不仅读书认真,而且活泼好动。读书之余,经常与小伙伴一起登临凌云塔,观赏周围的景物。8岁时,他登塔归来,挥笔写下了一首《登塔诗》,这应该是他迄今留存于世的最早的诗作:

朝登凌云塔,引领望四极。

暮登凌云塔,天地渐昏黑。

日月有晦明,四时寒暑易。

为何多变化,此理无人识。

我欲问苍天,苍天长默默。

我欲问孔子,孔子难解释。

搔首独徘徊,此理终难得。

这首诗尽管还显得稚嫩,但无疑反映了梁启超旺盛的求索精神和不畏苍天、不畏圣人的气势与品格。

1882年,9岁的梁启超随父亲去广州应童子试。舟行江上,和风习习。

乘客大都是赴省应试的读书人，他们赋诗联句，斗艳争奇。一次吃饭时，有人提议以咸鱼为题作诗。在别人还在苦苦思索时，梁启超第一个咏出"太公垂钓后，胶鬲举盐初"的诗句，使他一下子成了全船注目的中心。从此，舟中咏诗的故事不胫而走，梁家"神童"的声名传遍了新会。这次初试，梁启超虽然没有考取秀才，但他却在这座华南名城见了世面。第二年，他又看到了在当时士子中影响很大的张之洞的《书目答问》，开阔了视野，增长了知识。

两年后的1884年，梁启超再次去广州应试，顺利考中秀才，补博士弟子员。第二年，他进入广州著名的学海堂读书，同时又做菊坡、粤秀、粤华等书院的编外学生。从1884至1889年，他在这里学习辞章训诂、典章制度方面的知识，进行考据、辨伪、辑佚、补正等基本训练，打下了较坚实的汉学基础。这期间，他如饥似渴，努力攻读，是学海堂最出类拔萃的高才生。16岁时专科生季课大考，四季都是第一名。"自有学海堂以来，自文廷式外，卓如一人而已。"（《梁启超年谱长编·一八八九年》，上海人民出版社1983年版。以下简称《年谱》）梁启超在学海堂四年多时间的学习，使他在中国传统文化方面储备了渊博的学识，练就了扎实的基本功，在后来从事众多学术领域的研究中发挥了巨大的作用。

1889年，16岁的梁启超到广州参加乡试，结果一举中的，考取第八名举人。主持这次乡试的正座是贵州的李端棻，副座是福建的王仁堪，他们一齐被梁启超出众的才华吸引住了。李端棻告诉王仁堪，他想把自己待嫁的妹妹许给这位年轻举子，此时的王仁堪也正考虑招梁启超做自己的乘龙快婿，见主座先开口，只得隐瞒自己的心事，连声称好。于是，李端棻就借一次同梁启超谈话的机会，将他的想法说了出来。梁启超惊喜交加，满口答应。少年科第，佳人上门，他的心中充满无限欢乐。不久，梁启超从广州返乡，他站在船头，看着张满风帆的轻舟顺流而下，把两岸的景物抛在身后，不由得笑出声来。他想自己的前程，不就像这艘鼓风疾驶的轻舟，要乘长风，破万里浪么！然而，此时的梁启超还意识不到，前面等待他的，并不是科举铺就的鲜花路，而是今文经学大师、维新派领袖康有为的教鞭！他将在康有为的指引下，踏上一条他当时还想象不到的、与传统封建士子的追求完全不同的新道路。

三、康有为的得意门生

康有为（1858—1927），又名祖诒，字广厦，号长素，广东南海县人。出身官僚地主家庭。22岁前，他读了大量经、史、子、集，一心走封建士子的科举老路。1876年，他受教著名今文经学家朱次琦之门，思想开始发生变化。数次参加广东、顺天乡试，虽然名落孙山，但伴随多次北京、上海、香港之行，使他一方面目睹清政府的腐败和帝国主义侵略所引发的民族危机，另一方面也看到资本主义生产方式的优越性，思想进一步发生变化。于是他毅然抛弃乾嘉之学，以今文经学为武器，探索挽救祖国危亡的道路，成为近代今文经学著名的大师、资产阶级改良派的领袖人物。从19世纪80年代开始，他陆续出版了一大批宣扬变法维新的著作，其中最重要的是1884年编著的《人类公理》（后来出版时改名《大同书》），1891年撰写的《新学伪经考》，1892年撰写的《孔子改制考》。这些著作全面展示了他的哲学、政治和历史观点，奠定了他改良主义的理论基础，在知识界产生了巨大而广泛的影响，使他的知名度迅速扩展。

1890年春天，梁启超赴京参加会试，没有考取，归来继续在学海堂读书。这年8月的一天，他由同学陈千秋引荐，做了康有为的拜门弟子。第一次见面，康有为"乃以大海潮音，作狮子吼"，将他熟悉的那套学问进行了猛烈批判，"悉举而摧陷廓清之"。这使梁启超如"冷水浇背，当头

梁启超的老师康有为

一棒"，"惘惘然不知所从事"，因而"且惊且喜，且怨且艾，且疑且惧"
（《饮冰室合集》文集之十一，以下简称《合集》），完全被降服了。他
于是毅然退出学海堂，转到康有为门下学习。

　　1891年，康有为在广州长兴里设立万木草堂，作为讲学的场所。这里
树木森森，环境幽静，是理想的教学场所。在这里，康有为一反当时的传
统，对教学内容和形式进行大胆改革。他不是按部就班地讲授四书五经和
陈腐八股，而是以孔学、佛学、宋明理学（尤其是陆王心学）为体，以史
学、西学为用，重点讲研今文经学，批判古文经学。在课堂上，康有为既
讲历史文化，又经常纵论天下大事，从先秦典章到汉唐两宋政治，从西方
文明到列强压迫，兴之所至，无所不讲。每讲一个问题，必然是上下古今，
究其演革得失，同时举出欧美的例子以资证明。尤其受学生欢迎的是讲授
历代学术渊源。康有为渊博的学识，纵横的议论，系统的分析，出人意料
的结论，都深深地吸引着学生。为了开阔学生的视野，他除要求学生精读
《春秋公羊传》和《春秋繁露》这两部今文经典外，还要求学生博览群书，

特别是西学书籍，如容闳、严复的翻译著作，当时江南制造局翻译的声光电化著作，以及外国传教士傅兰雅、李提摩太等人的著作。

在学习方法上，除了听讲外，康有为要求学生以更多的时间自己读书、写笔记、记功课簿。学生们在听讲、读书有心得和疑问时，都记在自己的功课簿上，每半月呈交一次。康有为就根据功课簿所反映的问题，或做批示，或做讲解，循循善诱地引导学生进行生动活泼的学习。

为了锻炼学生的读书思考能力，提高写作水平，培养著书的兴趣，康有为又让部分水平较高的学生协助他著书。每确定写一著作，由他规定内容、论点、体例等要求和参考书目，然后由学生分工查找资料和从事编纂。梁启超和陈千秋就是他著书的主要助手，《新学伪经考》和《孔子改制考》就是用这种方法集体编撰出来的。

康有为还规定他的学生必须习礼。他自制了一套尊孔的礼仪，配上乐曲，要求学生在孔子诞辰日进行乐舞表演。届时，在万木草堂厅堂前的高台上，乐声融融，古舞翩跹，引来许多人驻足观看。

万木草堂没有正式的考试制度，康有为完全靠功课簿观察学生功课的好坏和造诣的深浅。学生之中也不分班次，只在先入学的高才生中指定两人作为"学长"，从事管理和领导其他学生读书。梁启超和陈千秋就做过这样的"学长"。

1890 年至 1894 年，梁启超在康有为门下孜孜不倦地学习研究，不断地充实自己，他的面前展现出一片崭新的天地：今文经学使他获得变革的理论，西学著作使他开始了解世界大势。他看到外国侵略造成的严重民族危机，看到帝国主义和本国腐败政府的双重压榨给广大劳动人民带来的深重灾难，他开始走出个人和家族的小圈子，关怀祖国的前途和民族的命运。这样，在康有为这里，他就学到了远远超过八股老调和辞章训诂的经世致用之学，使他由一个普通的封建士子变成了探索祖国命运的热血沸腾的爱国者和维新志士。1927 年康有为 70 岁生日的时候，梁启超写了《南海先生七十寿言》为老师祝福，其中有一段对万木草堂学习生活的深切回忆：

> 每月夜则我侪从游焉。粤秀山之麓，吾侪舞雩也，与先生或相期或不相期。然而春秋佳日，三五之夕，学海堂、菊坡精舍、红棉草堂、镇海楼一带，其无万木草堂师弟踪迹者盖寡。每率游以论文始，既乃杂遝泛滥于宇宙万有，芒乎汤乎，不知所终极。先生在则拱默以听，不在则主客论难锋起，声往往振林木。或联臂高歌，惊林中栖鸦拍拍起。於戏！学于万木，盖无日不乐而此乐最殊胜矣。（《合集·文集之四十四上》）

这里展示的，是一幅多么令人陶醉和神往的图画！梁启超就是在这个环境里完成了自己具有决定意义的转变。

1894 年春天，梁启超与康有为结伴同行，入京参加会试，从而结束了为时四年多的万木草堂的学习生活，投入了现实斗争的漩涡。在他前面，等待这位维新志士的，是坎坷不平的道路和政治斗争的暴风骤雨。然而，由于康有为的陶冶和梁启超的勤奋努力，他已经具有较深厚的理论储备和卓越的宣传组织能力。斗争使他首次展开翱翔的翅膀，他在维新变法的黄金时代留下了惊人的长鸣。

第二章

维新志士

"公车上书"的积极参与者

维新理论的卓越宣传家

戊戌变法的领军人物

一、"公车上书"的积极参与者

1894年6月，梁启超与康有为到达北京，住进广东会馆，做会试前的准备工作。7月，甲午战争爆发，清军在陆地和海上连连遭遇失败。可是，在11月7日慈禧太后的60寿辰，她依然大事庆祝，黄极殿上，宴开百桌，京剧名伶，歌舞婆娑。梁启超等一群参加会试的举子们，目睹亡国的危险，再也无心读书。他们四处奔走，大声疾呼，吁请清朝当权派采取紧急措施，激励民气，鼓舞兵勇，举国一致抵抗侵略。但是，以慈禧太后为首的满汉官僚根本听不进这群举人的呼喊，这使梁启超义愤填膺，挥毫写下一首《水调歌头》，唱出了一个爱国志士的慷慨悲歌：

> 拍碎双玉斗，慷慨一何多！满腔都是血泪，无处着悲歌。三百年来王气，满目山河依旧，人事竟如何？百户尚牛酒，四塞已干戈。
>
> 千金剑，万言策，两蹉跎。醉中呵壁自语，醒后一滂沱。不恨年华去也，只恐少年心思，强半为销磨。愿替众生病，稽首礼维摩。（杨复礼：《梁任公先生年谱·光绪二十年》）

1895年3月，甲午战争继续进行，清军全盘失败：北洋水师全军覆没，参战陆军一败涂地。4月，丧权辱国的《马关条约》签订的消息传来，悲愤的气氛立即笼罩了参加会试的举子们。4月22日，康有为和梁启超首先鼓动广东、湖南两省举人上书，要求拒签对日和约。5月1日，他们又邀集18省的1200多名举人集会，通过了由康有为起草的上书，向清政府提出"拒和""迁都""变法"三项要求。这就是震动朝野的"公车上书"。这期间，梁启超除了协助康有为联络奔走外，还同麦孟华等一起草拟了交由都察院转呈的《上清帝书》和《上都察院书》，力言台湾不可割让。这次"公车上书"运动规模宏伟，声势浩大，第一次显示了维新派在舆论上的力量，引起了社会各方面的重视，获得了广泛的同情。但是，由于封建顽固派的百般阻挠，康、梁的上书都被打入冷宫，无法到达光绪皇帝手里。

康有为和梁启超看到维新运动遇到的重重困难，为了打开局面，他们决定从制造舆论和组织团体两方面下手。1895 年 7 月创办《中外纪闻》，由梁启超和麦孟华担任主要撰稿人，写文章鼓吹变法维新，同时介绍西方资本主义国家的政治、经济和思想文化。8 月，他们又组织"强学会"，吸收维新志士和朝中同情变法的官僚以及在野名流参加，梁启超任书记，希图以团体的力量推动清政府变法。然而，以慈禧为首的顽固派决不允许对他们不利的刊物和团体存在，1895 年 12 月，他们勒令《中外纪闻》停刊；1896 年 1 月，又下令解散北京、上海两地的强学会，将"公车上书"开启的变法运动打入低潮。

在这次"公车上书"运动中，梁启超是康有为最积极的追随者和最得力的助手。他四处奔走，八方联络，表现出杰出的组织能力。他起草奏折，撰写文章，显示了卓越的宣传才能。他痛斥卖国和约，力言台湾不可割让，展示了澎湃的爱国情怀。在这场斗争中，他结识了一大批维新志士，而在担任李提摩太秘书的工作中，更使他有机会接触较多的西学知识，进一步开阔了眼界。所有这一切，都为他在以后的维新运动中发挥更大的作用创造了条件。

在 1895 年的会试中，康有为考中进士并被授予工部主事，而梁启超却名落孙山。原因是他的文章充分发挥了今文经学的观点，被担任主考的顽固派大员有意卡了下来。然而，此时的梁启超已将科场的得失看得淡如浮云。因为他旺盛的精力，横溢的才华，陡起的声名，并不会因科场被黜而隐落，而是随着维新运动的发展而为越来越多的人所瞩目。"天将降大任于斯人"，《时务报》和时务学堂在等待着他，"百日维新"的激烈斗争在召唤着他，康、梁并称，声名鹊起，历史机遇正带着迷人的微笑向他走来。

二、维新理论的卓越宣传家

1895 年底到 1896 年初，由于顽固派的强力干涉，由"公车上书"开启的维新运动一时陷入低潮。在京难以发挥作用的梁启超，于 1896 年 3 月应康有为之召来到上海筹办《时务报》。8 月，《时务报》正式发行，汪康年任总经理，梁启超任总撰述，再加上马相伯、马建忠、严复、谭嗣同、黄遵宪、容闳、章太炎等一批维新志士和名人做撰稿人，该报很快就办成了对全国影响最大的维新派的喉舌。"一纸风行，海内观听为之一耸"。（《学衡》第 12 期）梁启超的名声也由此噪起，正如胡思敬在《戊戌履霜录》所说："当《时务报》盛行，启超名重一时，士大夫爱其语言笔札之妙，争礼下之。上自通都大邑，下至僻壤穷陬，无不知有新会梁氏者。"从 1896 至 1897 不到两年的时间内，梁启超在《时务报》《湘报》《知新报》等报刊上发表了 50 多篇激情四射的文章，出色地宣传了维新变法的理论和主张，为两年后登场的戊戌变法做了舆论准备。而梁启超正是通过这些文章，成为公认的维新理论的头号宣传家。

梁启超的文章，以激越的情感、声情并茂的文字，将迫在眉睫的民族危机、亡国灭种的大祸展现在中国人民面前：

> 故无日不可以来，国无日不可以亡。数年以后，乡井不知谁氏之藩，眷属不知谁氏之奴，血肉不知谁氏之俎，魂魄不知谁氏之鬼。及今犹不思洗常革故，同心竭虑，摩荡热力，震撼精神，致心版命，破釜沉船，

以图自保于万一。而犹禽视息息，行尸走肉，毛举细故，瞻前顾后，相妒相轧，相距相离。譬犹蒸水将沸于釜，而儵鱼犹作莲叶之戏；燎薪已及于栋，而燕雀犹争稻粱之谋，不亦哀乎！（《合集·文集之二》）

如此严重的民族危机究竟是怎样造成的呢？梁启超的答案是，清王朝无以复加的无能和腐败：

越惟无耻，故安于城下之辱，陵寝之踩躏，宗祐之震恐，边民之涂炭，而不思一雪。乃反托虎穴以自庇，求为小朝廷以乞旦夕之命。越惟无耻，故坐视君父之难，忘越镐之义，昧娄纬之恤，朝睹烽燧，则苍黄瑟缩，夕闻议和，则歌舞升平。官惟无耻，故不学军旅而敢于掌兵，不谙会计而敢于理财，不习法律而敢于司李，瞽聋跛疾，老而不死。年逾耋颐，犹恋栈豆，接见西官，栗栗变色，听言若闻雷，睹颜若谈虎……士惟无耻，故一书不读，一物不知，出穿窬之技，以作搭题，甘囚房之容，以受收检。襄八股八韵，谓极宇宙之文；守高头讲章，谓穷天人之奥。商惟无耻，故不讲制造，不务转运，攘窃于室内，授利于渔人。其甚者习言语为奉承西商之地，入学堂为操练买办之才，充犬马之役，则耀于乡闾；假狐虎之威，乃轹其同族。兵惟无耻，故老弱赢病，苟且充额。力不能匹雏，耳未闻谭战事，以养兵十年之蓄，饮酒看花，距前敌百里而遥，望风弃甲。（《合集·文集之二》）

在梁启超的笔下，一个从头到脚，从内到外，从统治阶级的最高首脑皇帝，到镇压人民专制工具的将帅兵勇，都彻底腐烂的形象，活脱脱刻画了出来！这种揭露和抨击，是何等的大胆无畏，何等的痛快淋漓，又是何等的大快人心！

如何挽救日益严重的民族危机、刷新腐败的清朝政治呢？梁启超明确指出，只有变法维新路一条。他首先强调，天地人类都处在无时不变、无处不变的永恒变化状态："上下千岁，无时不变，无事不变。公理有固然，非复人之为也。"他进而警告清朝当权派说："变亦变，不变亦变。变而变者，变之权操诸己，可以保国，可以保种，可以保教。不变而变者，变之权让诸人，束缚之，驰骤之。"（《合集·文集之一》）他批驳了"天不变道亦不变"的形而上学思想，宣扬了公羊三世说的历史进化观点，并乐观地告诉世人，历史的发展并不是今不如昔，而是按照据乱——升平——太平的顺序，越变越好，后来居上。今已经胜于古，将来肯定超过现在。当前的关键是掌握变法的主动权，朝野上下，官吏士绅，都认清形势，积极参与变法，否则，中国就会变成外国侵略者的禁中脔、俎上肉，陷入万劫不复的深渊。接着，梁启超罗列出变法的重要内容：学习西方，废科举，兴学校，育人才；开民智，开官智；兴民权，兴绅权；立农工商政，修铁路，开矿山，发展资本主义经济；开武备学堂，练陆海新军，达到富国强兵。最后，梁启超明确提出变法的途径，是以日本明治维新为榜样，上靠王公大人，下靠开明士绅，自觉激发天良，除旧布新，由易到难，由浅入深，按部就班，进行自上而下的改良。

梁启超以《时务报》为中心进行的宣传，使康有为和他的变法理论在广大知识分子中到处传颂，在当时的中国产生了极为广泛的影响。一时间，人人谈变法，个个讲维新，全国舆论为之一变。在康、梁推动组织下，从1896至1898年戊戌政变前，维新变法的团体，如粤学会、湘学会、桂学会、知耻学会、经济学会等，雨后春笋般地建立起来，数量达到24个。在《时务报》的影响下，各种鼓吹变法维新的刊物，如《国闻报》《湘学报》《知新报》《蜀学报》《东亚报》等也不断出现，林林总总，蔚为大观。为培养变法人才而设立的各种学校，如湖南的时务学堂等，也济济洋洋，一派

百日维新时期的梁启超

生机。在变法维新气氛日渐浓厚的条件下，湖南成为最有生气的一个省。湖南巡抚陈宝箴、按察使黄遵宪、督学江标及其后任徐仁铸等，是地方官吏中维新派的代表人物。他们利用手中的权力，敢于开风气之先，大胆引进一批维新志士，重用他们去举办新政。谭嗣同、唐才常和陈三立等就是湖南变法维新运动中的青年才俊。1897 年 10 月，梁启超应陈宝箴之邀担任了湖南时务学堂的总教习。他运用自己在万木草堂学习的经验，很快把时务学堂办成当时最负盛名的一所学校。他通过教学活动，大力宣传变法维新理论，批判顽固派的顽固保守观念；广泛介绍西学，对清朝的腐朽统治进行不遗余力的揭露和抨击。他甚至将历代封建王朝的统治者视为"民贼"，思想上显示了强烈的民主气息。通过时务学堂，梁启超为维新变法事业培养了一批杰出人才。在第一班的 41 名学生中，就有以唐才常为代表的"庚子六君子"和后来的护国名将蔡锷。

从 1896 至 1898 年，梁启超表现了超常的精力和才华。他除了主持《时务报》和时务学堂外，还与汪康年、麦孟华创立不缠足会，与陈敬如、施子英、严小舫在上海创立女学堂。他写文章批判旧社会对妇女的非人迫害，

梁启超与光绪帝、康有为合影

揭露清朝入主中原后严格执行剃发令，而对颁布的禁缠足令则睁一眼、闭一眼，使之成为官样文章，结果使残害汉族妇女的缠足恶俗继续了近300年。在一篇文章中，他不由得发出痛心的慨叹："一王之力，不改群盲之心；强男之头，不如弱女之足。"（《合集·文集之一》）与此同时，梁启超还同黄遵宪等人一起提倡"诗界革命"，要求诗歌从为帝王将相歌功颂德和描写风花雪月的传统中解脱出来，为维新变法服务，为百姓的疾苦呐喊。在他们的倡导和亲身实践的带动下，我国诗坛的风气发生了较大变化。

　　总起来看，1898年戊戌变法前，梁启超充分发挥了自己在文字宣传方面的才能，以进化论和西方资产阶级的政治学说为武器，对中国两千多年的封建制度进行了第一次猛烈的冲击，极大地动摇了历来作为政治宪法的儒家经典的地位，使资产阶级民权思想得以广泛传播，在中国近代第一次思想解放的潮流中起到了金鸡报晓的巨大作用，为即将到来的"百日维新"做了舆论准备，也为他自己赢得了耸动远近视听的巨大声名。

三、戊戌变法的领军人物

1897 年 11 月 12 日，以德国强占胶州湾为导火线，帝国主义掀起了在中国划分势力范围的狂潮。面对空前的民族危机，全国鼎沸，民气昂扬。康有为认为掀起维新变法运动新高潮的时机已经来临，急忙跑到北京，于12 月呈上了《上清帝第五书》。尽管顽固派百般阻挠，但在朝中开明派官员如翁同龢等的帮助下，光绪皇帝终于在 1898 年初看到了这个上书。他大为感动，立即给予康有为便宜上书的权力。康有为奉旨统筹全局，提出了广开言路、设制度局和举办地方自治等内容的维新大纲，至此，维新运动与皇帝相结合，揭开了戊戌变法的序幕。

1898 年 3 月，梁启超应康有为之邀来到北京，意气昂扬地投入到变法运动。6 月 11 日，光绪皇帝上谕"诏定国是"，"百日维新"正式开始。从 6 月 11 日至 9 月 21 日共 103 天，维新派假光绪皇帝上谕的形式，颁布了一系列的变法命令。其基本内容可概括为除旧和布新两个方面。除旧的内容主要有：废八股取士，废书院，裁绿营，撤销京内外一批冷衙门和冗官冗兵等。布新的内容主要有：试策论，办学堂，设立农工商总局、商会及其分支机构，提倡实业，奖励新著作、新发明，翻译书报，准许办学会、开报馆，广开言路等。这些内容清楚地表明了变法的改良主义性质。以康、梁为首的资产阶级改良派，拥戴光绪皇帝，通过上谕的方式，进行自上而下的改革，给人民一定程度的言论、集会和结社的自由，给资本主义工商业的发展创造较有利的条件；裁撤一些无用的冷衙门和冗官冗兵，建立与发展资本主义工商业有关的机构，改革教育制度，大力培养和造就维新事业的各种人才，目的是使封建的上层建筑逐渐转变成资本主义的上层建筑。所有这一切，客观上都符合当时中国社会发展的要求，因而具有积极进步意义。当然，上谕所显示的局限性也是明显的，这就是，没有触动专制主义国家的官僚机器，没有改革封建土地制度的内容，没有宪法、议院、国会、君主立宪等资本主义上层建筑的标准性条款。显然，"百日维新"既反映了维新派发展资本主义的要求，又反映了这种要求的软弱和不足。

尽管如此，在当时的历史条件下，"百日维新"的进步意义仍然是主要的。

当时的维新志士们，面对民族危亡，四处奔走，慷慨悲歌，大声疾呼，奋起救国，表现了可贵的爱国热情。他们在理论上对顽固派的猛烈批判，对清王朝腐败统治的揭露和抨击，特别是他们通过报刊、学校宣传的历史进化观和一定程度的民权理论，在当时的中国不啻振聋发聩，使"变则存，不变则亡"的舆论深入人心，从而突破了封建专制主义思想大一统的局面，促进了中国人民，尤其是广大知识分子的觉醒，形成了中国近代第一次思想解放的潮流。戊戌政变以后，尽管清政府三令五申地禁绝，挖空心思地封杀，但康、梁的文章仍然畅行海内外，风靡一时。

"百日维新"颁布了一系列奖励发展资本主义工商业的诏令，改变了中国封建社会长期以来"重本抑末"的传统，为资本主义工商业的发展创造了有利条件。戊戌政变后，虽然清政府宣布废除新法，但中国民族资本主义发展的速度仍然加快，规模也进一步扩大了。

"百日维新"第一次用上谕的方式，破天荒地承认了人民，尤其是资产阶级有一定程度的言论、集会和结社的自由。这就给了民族资产阶级从事政治活动的条件，从而打破了地主阶级长期把持封建政权、一统天下的局面。

"百日维新"的主帅是康有为，梁启超是他的头号助手。在整个变法期间，梁启超活跃非凡，显示了卓越的宣传组织才能。1898年3月6日，他与麦孟华一起上《拒俄变法书》，力言不可割旅顺、大连给俄国。变法开始后，他由徐致靖引荐，奉光绪皇帝之命在总理衙门查看奏章，正式参与新政的筹划。7月3日，受光绪皇帝亲自召见，申论提倡西学和设立学校问题，呈上他的著作《变法通议》。同日，光绪皇帝赏他六品衔，专办大学堂译书局事务。7月中旬，光绪皇帝批准了他拟定的译书局章程。8月初又批准了他拟定的关于设立编译学堂的奏议和奖励工艺、奖励制器的章程。此外，他还以李端棻的名义，起草了一些推行新政的奏折。梁启超在致夏曾佑的一封信中曾自豪地说："新政来源，真可谓全出我辈。"这句话真实地反映了维新派在"百日维新"中的作用，并非夸大之词。

正当维新派为他们拟就的一道道"上谕"飞向全国而互相庆祝的时候，以慈禧太后为首的满汉顽固派也正紧锣密鼓地秘密筹划扼杀维新派的阴谋。9月初，光绪皇帝任命杨锐、刘光第、林旭、谭嗣同为四品军机章京，力图夺取军机处大权，同时革除阻挠变法的怀塔布、许应骙等礼部六堂官，这一举措使顽固派再也无法容忍，于是密谋在10月慈禧太后和光绪皇帝同至天津阅兵时发动政变，囚禁光绪皇帝，捕杀维新党人。消息传出后，光绪皇帝密谕康有为等人速筹办法，挽救危局。维新派紧张筹划的结果，是把光绪皇帝和维新派的生死存亡押在争取袁世凯和他的新建陆军这一赌注之上。但袁世凯明白顽固派的力量远远超过维新派，他决不能将自己的身家性命与一个无权的皇帝和在他看来少不更事的维新派搅在一起。于是在与维新派虚与委蛇一番之后，他毫不犹豫地出卖了光绪皇帝和维新派。9月21日，慈禧太后发动政变，囚禁光绪皇帝，下令捕杀维新党人，废除新政，宣布第三次垂帘听政。霎时间，"百日维新"犹如一场春梦，烟消云散。

政变发生后，维新派慌作一团，惊恐万状。他们把最后的希望，寄托在外国驻华使馆的干涉。于是央求李提摩太见英使，梁启超见日使，容闳见美使，哀求他们设法救助光绪皇帝和维新党人，但均未达到目的。危机

1899年，流亡日本时的梁启超

时刻，康、梁逃走，大批维新党人或身陷囹圄，或遭到流放，京师笼罩在极度的恐怖中。9 月 28 日，谭嗣同、杨锐、刘光第、林旭、康广仁、杨深秀等"戊戌六君子"走向刑场，为这次失败的改革付出了生命的代价。

　　在当时的历史条件下，戊戌变法运动尽管有着不容忽视的积极意义，但它的失败却是必然的。原因就在于维新派的力量太弱小，背后又缺乏广大人民群众的理解支持，而牢牢掌握国家机器的顽固派则完全有力量在反手之间将维新派扼杀在血泊中。后来梁启超在回顾这段历史时也承认，由于顽固派的力量大大超过维新派，"而改革党人欲奋螳臂而与之争，譬犹孤身入重围中，四面楚歌，所遇皆敌，而欲其无败恤也得乎？"（《合集·专集之一》）这反映了维新派对变法失败原因的真切认识。

　　政变失败后，梁启超逃到日本使馆，由日本人平山周护送他到塘沽，登上日本军舰大岛号，顺利到达横滨。梁启超到达日本后，写了《去国行》一诗，真实地抒发了他此时的思想感情，其中说：

　　　　呜呼！济艰乏才兮，儒冠容容。佞头不斩兮，侠剑无功。君恩友仇两未报，死于贼手毋乃非英雄。割慈忍泪出国门，掉头不顾吾其东！……

吁嗟呼！古人往矣不可见，山高水深闻古踪。潇潇风雨满天地，飘然一声如转蓬，披发长啸览太公。前路蓬山一万重，掉头不顾吾其东！（《合集·文集之四十五下》）

梁启超与康有为一样，不愿意像谭嗣同那样慷慨激昂地走向刑场，为维新事业悲壮地殉难，而是悄然逃走。目的当然是留得青山，等待时机，"酬君恩，报友仇"，继续维新变法的事业。应该说，梁启超的决断是正确的，正因为他在关键时刻为自己保存了生命，也就为以后的中国保存了一个创造了辉煌思想和学术成果的大师。

一、时代呼唤骄子

1898年11月，东渡日本的康有为和梁启超在横滨创办了《清议报》，梁启超任主笔，他的办报宗旨是"为国民之耳目，作维新之喉舌"。此后一段时间内，它是维新派和后来的保皇派的主要舆论阵地。第二年，康有为在加拿大的温哥华组织保皇会。梁启超也来往檀香山、美洲和日本之间，在华侨中建立保皇会。1902年2月《清议报》停刊后，梁启超又创办《新民丛报》，继续鼓吹保皇和维新之路。

从1899年起，梁启超开始在《清议报》上用"饮冰室主人"的笔名写文章。自1899年至1904年，他在《清议报》和《新民丛报》上，以所谓新文体，发表了100多篇文章和多部专著，在当时的中国知识分子中产生了巨大而广泛的影响，一时被誉为"舆论界的骄子"。1902年4月，黄遵宪在致梁启超的信中，对他的文章百般颂扬，说它"惊心动魄，一字千金，人人笔下所无，却为人人意中所有，虽铁石人亦应感动。从古至今文字之力之大，无过于此矣。"在8月致梁的一信中，又将其比喻为使"谪仙搁笔"的"崔颢题诗"。同年11月，黄遵宪再致书梁启超，对他文章产生的广泛而深远的影响作了较详细的评述：

> 此半年中，中国四五十家之报，无一非助公之舌战，拾公之牙慧者。乃至新译之名词，杜撰之语言，大吏之奏折，试官之题目，亦剽袭而用之……以公今日之学说之政论，布之于世，有所向无前之能，有唯我独尊之概。其所以震惊一世，鼓动群伦者，力可谓雄效可谓速矣……一言兴邦，一言丧邦，茫茫禹域，惟公是赖。（《年谱·一九○二年》）

梁启超在饮冰室写作

梁启超的文章为什么能产生如此大的影响？是什么原因使他成为那个时代"舆论界的骄子"呢？

梁启超的学生吴其昌，在抗日战争时期写过一本名叫《梁启超》的小册子，着重从文体改革的角度探索他成功的奥秘。在对比了他与同时代的谭嗣同、夏曾佑、章太炎、严复、林纾、陈三立、马其昶、章士钊等人的文体风格的优长和缺失后，他对梁启超的文章发出了由衷的赞美，认为他是"舆论之骄子，天纵之文豪"：

> 至于雷鸣怒吼，恣睢淋漓，叱咤风云，震骇心魄，时或哀感曼鸣，长歌代哭，湘兰汉月，血沸神销。以饱带情感之笔，写流利畅达之文，洋洋万言，雅俗共赏。读时则摄魂忘疲，读竟或怒发冲冠，或热泪湿纸。此非阿谀，惟有梁启超之文如此耳！（《梁启超》第28—29页）

这段评论，虽然不无弟子对老师的过分赞誉，但基本上切中肯綮。梁启超文体改革的成功，为他文章的广泛传播创造了很大的有利条件。从《时务报》到《新民丛报》，是梁启超文章的发皇期，其中尤以《时务报》和1904年前的《新民丛报》时期的文章，更能体现他发皇时期的特点。他的文章，一脱古文的古奥艰涩，半文半白，半雅半俗，笔端饱含情感，具有很强的感染力和极大的煽惑性，因而能风靡一时，不胫而走。例如，1900年他写过一篇脍炙人口的名文《少年中国说》，其中有这样一段：

> 红日初升，其道大光。河出伏流，一泻汪洋。潜龙腾渊，鳞爪飞扬。乳虎啸谷，百兽震惶。鹰隼试翼，风尘吸张。奇花初胎，矞矞皇皇。干将发硎，有作其芒。天戴其苍，地履其黄。纵有千古，横有八荒。前途似海，来日方长。美哉我少年中国，与天不老；壮哉我少年中国，与国无疆。（《合集·文集之五》）

每个生活在当年内忧外患交困中的中国青年知识分子，目睹国家的危亡，人民的苦难，当读到这样一段对于祖国美好未来的展望时，只要还有一点爱国心，就不能不感奋而起，努力从事于改造旧中国的战斗，使少年中国尽快在战火中诞生，岿然屹立于世界民族之林。如果说《少年中国说》是梁启超爱国激情的火焰喷射，那么，1903年他写的《说希望》则是对新中国未来希望的纵情高歌：

> 希望者，制造英雄之原料，而世界进化之导师也。
>
> 吾国其非绝望乎？则吾人之日月方长，吾人之心愿正大。旭日方东，曙光熊熊，吾其叱咤羲轮，放大光明以赫耀寰中乎！河出伏流，狂涛怒吼，吾其乘风扬帆，破万里浪以横绝五洲乎！穆王八骏，今方发轫，吾其扬鞭绝尘，骎骎骅骝竞进乎！四百余州，河山重重，四亿万人，泱泱大风。任我飞跃，海阔天空。美哉前途，郁郁葱葱。谁为人豪，谁为国雄？我国民其有希望乎？其各立于所欲立之地，又安能郁郁以终也。
>
> （《合集·文集之十四》）

显然，如此豪情万丈的文字，如此澎湃激越的对未来理想中国的向往，必然能够与中国青年知识分子那热切的进取精神相共鸣，势必获得大量的读者。然而，必须指出，梁启超此时之所以成为执舆论界牛耳的骄子，主要原因还不是"文体革命"的成功，而是他的思想迎合了时代的需要。

梁启超东渡日本以后，其思想言论，较之戊戌变法前已经发生了很大变化。"自东居以来，广搜日本书而读之。若行山阴道上，应接不暇。脑质为之改易，思想言论，与前者若出两人。"（《合集·专集之二十二》）从而在许多方面突破了康有为的藩篱。他抛开公羊、孟子不讲，而大谈卢梭、孟德斯鸠、伯伦知理等所谓"西哲"；不仅不讲保教尊孔，而且还高唱"保教非所以尊孔"；同时更猛烈地抨击顽固派的专制残暴，痛骂慈禧太后"女权无限井蛙尊"。在淡化"保皇"的同时，他高调赞颂自由、民权、破坏、暗杀、革命。梁启超的文章在思想内容上的变化，正适应国内变化了的现实的需要。戊戌政变以后，顽固派气焰嚣张，不可一世。他们残酷镇压维新派，摧毁各种言论机关，查封一切异己的报刊，使全国笼罩在文化专制的恐怖中。处在极度高压下的知识分子，面对如此令人窒息的环境，都酝酿着打破现状的潜意识，思索着救国的新道路。这时的梁启超，一面猛烈抨击慈禧太后为首的顽固派"以顽固为体，以虚诈为用"（《合集·文集之四》）是中国人民的公敌，她三次垂帘听政，使"中国之一线生机，芟夷斩伐而靡有孑遗"（《合集·文集之五》）；一面呼吁打破现状，礼赞"破坏"：

> 然则救危亡求进步之道将奈何？曰：必取数千年横暴混浊之政体，破坏而齑粉之。使数千万如虎如狼、如蝗如蝻、如蛾如蛆之官吏，失其社鼠城狐之凭藉。然后能涤荡肠胃，以上于进步之途也。必取数千年如蠹鱼如鹦鹉如水母如畜犬之学子，毋得摇笔弄舌，舞文嚼字，为民贼之

1900年梁启超摄于澳大利亚

后援。然后能一新耳目，以行进步之实也。（《合集·专集四》）

同时以最激烈的语言发出对专制政体的讨伐，在北京图书馆保存的梁启超遗稿《拟讨专制政体檄》一文中，他写下了如下一段火药味十足的文字：

我辈实不可复生息于专制政体之下，我辈实不忍复生于专制政体之下。专制政体者，我辈之公敌也，大仇也。有专制则无我辈，有我辈则无专制。我不愿与之共立，我宁愿与之偕亡。使我辈数千年历史以浓血充塞者谁乎？专制政体也。使我数万里土地为虎狼窟穴者谁乎？专制政体也。使我数百兆人民向地狱过活者谁乎？专制政体也。

专制政体之在今日，有百害于我而无一利。我辈若犹靦然恭然与之并立天地，上之无以对我祖宗，中之无以对我自己，下之无以对我子孙。我辈今组织大军，牺牲生命，誓翦灭此而后朝食。

不可否认，正是这些超越维新改良的"过激之论"，才能在知识界引起巨大的反响，使梁启超获得了惊人的成功。

另外，1901年后清朝顽固派搞的假维新，在客观上也帮了梁启超的忙。因为在他们的假维新中，有一条改革科举制度，主要是改八股为试策论的条款，这就使那些对科举趋之若鹜的童生、秀才、举子们因失去八股老套而手脚无措之际，一下子在梁启超那些议论横生、声情并茂的文章中找到了学习的范本，《时务报》和《新民丛报》也就成了他们的必读教材。所以，尽管清政府一再严令禁止这些刊物在国内流行，但它们依然在暗地里畅销无滞。这显然是市场规律助了梁启超一臂之力。

显然，梁启超之所以成为舆论界的骄子，正是因为他以自己的思想和文章回应了时代的需要，使他在一个时期声誉日隆，名闻遐迩。但是，梁启超究竟能够将这种地位保持多久，却决定于他的言论在多长时间内继续满足时代的需要。1905年以后的三四年中，由于资产阶级革命高潮的到来，梁启超坚持的"保皇""开明专制论"越来越没有市场。尽管他的文章仍然是生花妙笔，但影响却日趋式微，领了10年左右时代风骚的梁启超，又被时代赶下了骄子的位子。"江山代有才人出，各领风骚数百年"，看来，在中国近代社会急剧转型的时代，一个人领时代风骚的时间只能以十年计了。

二、思想启蒙的导师

20世纪开始时的中国，两千多年的封建社会已经走到尽头，气息奄奄，朝不保夕。而外国侵略者的魔爪正伸向赤县神州的穷乡僻壤，使处于深重灾难的中国雪上加霜。然而，数以亿计的中国人这时仿佛还在沉睡中。空前的民族危机，蒙昧中的国民，迫切需要一群思想启蒙的导师站在时代的潮头，大声疾呼，悲愤呐喊，拨开漫天阴霾，唤醒东方睡狮。应时代的呼唤，一群思想启蒙的导师呼啸着登上历史舞台，梁启超就是其中的佼佼者，一个当之无愧的领军人物。而他的最为可贵之处，就在于他有着强烈的自觉的启蒙意识，并为此尽了自己最大的努力。1901 年他写的《自励》诗，就是这种自觉、自许、自期甚至自负的夫子自道：

> 献身甘作万矢的，著论求为百世师。
> 誓起民权移旧俗，更擎哲理牖新知。
> 十年以后当思我，举国欲狂欲语谁？
> 世界无穷愿无尽，海天寥廓立多时。
>
> （《合集·文集之四十五下》）

本来，戊戌变法时期的梁启超，通过阅读翻译的西方著作和同李提摩太等西方在华人士的接触，对欧美近代的思想和学术已经有所了解。东渡日本后，他阅读了大量明治维新后日本学者和欧美学者的著作，更深入地学习理解了西方资产阶级的社会政治理论，又到美国、加拿大等国游历，亲身感受到资本主义文明远较封建主义文明的优越性。这时，他才进一步认识到中国与西方的差距：不仅表现在物质文明方面，更表现在制度文明和精神文明方面，即政治体制、思想文化和国民素质的差距。这使他感到当时的中国迫切需要一次持久的思想启蒙。于是，他在 1899 年 8 月份的《时务报》上发表了《自由书》一组文章，后在 1902 年春节后的《新民丛报》上，又开辟专栏，发表了名为《新民说》的一组文章，揭开了思想启蒙的辉煌篇章。

梁启超通过《时务报》和《新民丛报》，以空前的规模和速度向中国知识界介绍西方的历史和文化。克伦威尔、拿破仑、加里波第、华盛顿、杰弗逊等西方政治家，洛克、康德、黑格尔、费尔巴哈等西方哲学家，霍布斯、斯宾诺莎、孟德斯鸠、卢梭等西方政治法律学家，欧文、圣西门、傅立叶等空想社会主义者，克鲁泡特金等无政府主义者，甚至马克思等科学社会主义创始人，他们的事迹和思想都被他一一展示在中国读者面前，极大地开阔了中国人的视野。

梁启超深刻地认识到，在专制制度长期统治下的中国，日复一日的奴性教育使百姓养成了浓重的奴性意识。与现代国民性相比，有四个明显的缺点："一爱国心之薄弱""一独立性之柔弱""一公共心之缺乏""一自治力之欠阙"（《合集·文集之十四》）。更可悲的是，中国人不仅不认识奴隶地位的痛苦，反而安于这种奴隶的地位并从中找到快乐：

我中人以服从闻于天下久矣。二千余年俯首蜷伏于专制政体之下，以服从为独一无二之天职。抚我而后也，故不忍不服从。虐我而仇也，亦不敢不服从。但得他人父我，则不惜怡色柔声而为之子。但使他人主我，则不惮奴颜婢膝而为之奴。一若无父之怙恃，则孤儿逐仆，将伶仃孤苦，不能自立于天地，养成服从之习惯，深种奴隶之根性。

故草泽之剧贼大盗，幸而蹑足九五，则四海归以讴歌。他国之异种胡人，一旦攘夺神器，则亿兆为之臣妾。今日仇敌，明日父母，今日蛮夷，明日神圣。（《合集·文集之十四》）

在这种情况下，国民已经失去任何自由，也不知自由为何物。所以他大声呼喊自由："民约云者，必人人自由，人人平等。"而这种自由权利必须时刻保卫，才能阻止别人的侵犯："保持己之自由权，是人生一大责任也。凡号称为人，则不可不尽此责任。盖自由之为物，非仅铠胄之属，藉以蔽身，可以任意自披之而自脱之也。"（《合集·文集之六》）在1900年4月1日致康有为的信中，他对自己的老师也大谈起自由的意义：

窃以为于天地之公理与中国之时势，皆非发明此义，不为公也。弟子之言自由者，非对于压力而言之，对于奴隶性而言之。……中国数千年之腐败，其祸极于今日，推其大原，皆必自奴隶性来。不除此性，中国万不能立于世界万国之间。而自由云云，正使人自知其本性，而不受制于他人。今日非施此药，万不能愈此病。……言自由者无他，不过使之得全其为人之资格而已。质而论之，即不受三纲之压制而已，不受古人之束缚而已。（《年谱·一九〇〇年》）

他进而更认识到，自由只是民权（人权）的一部分内容，因而争取和捍卫人权具有更重要的意义。他说：

　　民受生于天，天赋之以能力，使之博硕丰大，以遂厥生，于是有民权焉。民权者，君不能夺之臣，父不能夺之子，兄不能夺之弟，夫不能夺之妇，是犹水之于鱼，养（氧）气之于鸟兽，土壤之于草木，保其在一人，保斯权而不失，是为全天。（《合集·文集之二》）

再进一步，梁启超认为，自由、民权虽然是"生于天"，但如果长期失掉，百姓也就失去享受之资格。因而想要享受自由和民权，首先要使百姓自觉地养成这种资格。资格既备，任何专制独裁者都难以剥夺：

　　故我辈勿徒艳羡民权，而必预备其可以享受民权之资格。此资格既备，虽百千路易十四为之君，百千梅特涅为之相，未有能压制焉者也。此格不备，虽无压制，又将奈何？吾以为自由权者必非他人所能夺也。惟有弃之者，斯有夺之者。我既弃矣，人亦何惮而不夺？虽不夺矣，我独能自有乎？（《合集·文集之五》）

梁启超从民权出发，同意利己与利他相统一和"物竞天择"的理论，甚至认同杨朱的"拔一毛利天下而不为"的观念：

> 平等竞存于天演界中，其能利己者必优而胜，其不能利己者必劣而败，此实有生者之公例矣。西语曰：天助自助者。故生人之大患，莫甚于不自助而望人之助我，不自利而欲人之利我。

> 杨朱以为我立教曰：人人不拔一毫，人人不利天下，天下治矣。吾昔甚疑其言，甚恶其言，及解英德诸国哲学大家之书，其所标名义，与杨朱吻合者，不一而足，而其理论之完备，实足以助人群之发达，进国民之文明者，盖西国政治之基础，在于民权，而民权之巩固，由于国民竞争权利，寸步不肯相让，即人人不拔一毫之心以自利者利天下。（《合集·文集之五》）

梁启超的这些大胆而精辟的观点，在当时实在是振聋发聩，足以起死人而肉白骨，撼天地而震魂魄，其惊世、醒世作用不啻春雷乍响、火山崩裂。

梁启超痛切地意识到，由于中国数千年的专制社会实行残酷的剥削制度和愚民政策，致使中国人"不知国家与天下之差别""不知国家与朝廷之界限""不知国家与国民之关系"。不仅私德滑落，更是缺少公德。既无权利观念，亦无义务观念。"知有天下而不知有国家，知有一己而不知有国家"，这样的国民根本不可能组成现代的民族国家："聚群盲不能成一离娄，聚群聋不能成一师旷，聚群怯不能成一乌获，以若是之民，得若是之政府官吏，正所谓种瓜得瓜，种豆得豆，其又奚尤？"中国要想摆脱目前内忧外患的困境，关键是造就具有近代国家民族意识的国民：

> 凡一国之能立于世界，必有其国民独立之特性，上自道德法律，

下至风俗习惯文学美术，皆有一种独立之精神，祖、父传子，子、孙继之，然后群乃结、国乃成。斯实民族主义之根底泉源也。所谓新民者，必非如心醉西风者流，蔑弃我数千年之道德学术风俗，以伍于他人；亦非如墨守故纸者流，谓仅抱此数千年之道德学术风俗，遂足以立于大地也。

（《合集·专集之四》）

显然，在梁启超看来，欲提升中国人成为具有新时代民族之魂的新国民，必须熔铸中西文明的精华，使中国人民"淬历其所本有而新之""采补其所本无而新之"。（《合集·专集之四》）为此，他在出访美洲前，曾激烈地抨击专制制度，急不可耐地喊出史学革命、小说革命、诗界革命、宗教革命、学术革命、政治革命等一系列显得空泛的革命口号。游美洲归来后，他显得更加冷静和成熟。在猛揭中国人心灵伤疤的同时，他一方面引进西方的国家民族理论、自由权利观念和好美、名誉之心等良风美俗，以补中国文化之"所本无"，另一方面则大力发掘中国固有文化中的积极因素，如"轻生死"的尚武精神，"摩顶放踵利天下为之"的天下国家观念，"爱人""立人""达人"的人文情操和社会担当意识等，以弘扬中国文化之"所本有"，从而在开明专制的政治架构下，迅速提高中国人的国民素质，从千年蒙昧中走进新时代。

梁启超在19、20世纪之交为中国的思想启蒙所进行的卓有成效的工作，启迪了一代中国的知识精英，他们在后来的回忆中都流露出对梁启超深深的感激之情。胡适在《四十自述》中说：

我个人受了梁先生的无穷恩惠，现在追想起来，有两点最分明。第一，是他的"新民说"诸篇给我开辟了一个新世界，使我彻底相信中国之外还有很高等的民族和很高等的文化。第二，是他的"中国学术思想变迁之大势"篇章给我开辟了一个新境界，使我知道四书五经之外，中国还有其他学术思想。

郭沫若在自己的自传《少年时代》中也说：

> 平心而论，梁任公地位在当时确实不失为一个革命家的代表。他是生在中国的封建制度被资本主义冲破了的时候，他负载着时代的使命，标榜自由思想而与封建的残垒作战。在他那新兴气锐的言论之前，差不多所有的旧思想和旧风习都好像狂风中的败叶，完全失掉了它的精彩。二十年前的青少年——换句话说，就是当时有产阶级的子弟——无论是赞成或反对，可以说没有一个没有受过他的思想或文字的洗礼的。他是资产阶级革命时代的有力的代言者，他的功绩实不在章太炎辈之下。

胡适和郭沫若，一个是中国近代资产阶级自由知识分子的代表，一个是中国近代无产阶级知识分子的代表，都对梁启超思想启蒙的功绩作了大致相同的肯定的评价。这无疑表明，在19、20世纪之交为中国的思想启蒙作出重大贡献的那一群先行者中，梁启超是一个顶尖级的人物。

梁启超的《自由书》和《新民说》等文章，在当时的中国产生了广泛的影响，进一步使中国知识分子明了国际大势，特别是中国与世界先进国家的差距，从而警醒、猛醒、自醒，认识到国民自身必须承认现实，正视自身的弱点和不足，痛下决心，卧薪尝胆，奋发努力，急起直追，中国才能自立于世界民族之林。而当务之急，是改造中国人的国民性，使广大中国人民从愚昧状态下解放出来，去掉奴性意识，成为具有现代国民意识和自由意志的新国民。这一过程又必须伴随中国传统优秀文化的持续发掘和自觉弘扬以及西方先进文化的不断输入。所有这一切，展示了梁启超在文化上的宏伟气魄和非凡眼光，至今对发展中国的文化事业仍有指导意义。"只开风气不为师"，从启蒙的意义上看，梁启超确实做到了。

三、大论战中的改良派主帅

灾难深重的中国，在义和团运动的暴风骤雨中进入 20 世纪。然而，进入新世纪的中国所面临的，一方面是帝国主义日益加深的侵略所引起的更加严重的民族危机，一方面是清王朝日益昏聩腐败所造成的更加激化的阶级矛盾和社会矛盾。在这种情况下，下层民众自发的反对外国侵略和清朝封建统治的斗争此起彼伏，资产阶级革命派领导的反清武装起义也接二连三地发生。面对日趋高涨的革命形势，中国资产阶级的两个派别 —— 革命派和改良派，就当时中国走向资本主义道路的方式、步骤和前景等一系列问题进行了一场为时二三年的大辩论，构成了 20 世纪初期中国政治史和思想史的重要内容。

资产阶级革命派和改良派的矛盾和分歧虽然由来已久，也不时在一些问题上进行辩诘，但真正的论战高潮却是在 1905 年形成的。这一年，革命派以《民报》为基地，以孙中山、章太炎为主帅。与之对阵的改良派，则以《新民丛报》为基地，以梁启超为主帅。双方就一系列问题进行了一场理论和学术上的大辩论，形成了被历史学家倍加称誉的中国近代史上的第二次思想解放潮流。

1905 年，改良派在《新民丛报》上发表的七篇具有代表性的论战文章是《开明专制论》《驳某报之土地国有论》《答某报第四号对于新民丛报之驳论》《申论种族革命与政治革命之得失》《暴动与外国干涉》《中国不亡论》《杂答某报》。其中前五篇都是出自梁启超之手。

革命派与改良派的论战，主要围绕以下三个问题进行：

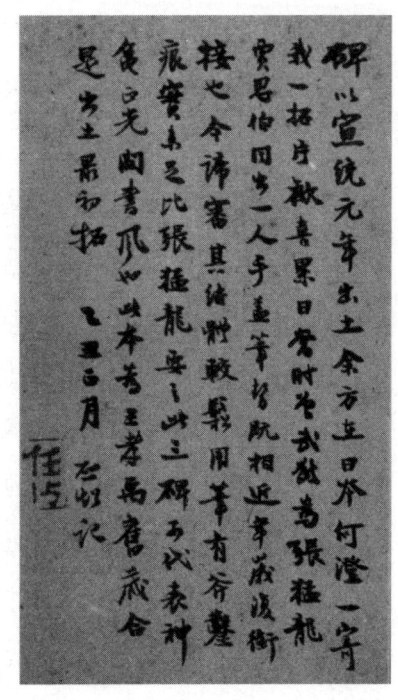

梁启超手迹

　　第一，是革命，还是改良？是资产阶级共和国，还是清王朝的君主立宪？

　　梁启超在其一系列文章中，一再强调"满汉同体""满汉不分"，认为满汉早就"同语言文字""同住所""同习惯""同宗教"，在"精神体质"方面也"实不见其有极相异之点"，进而断定自春秋战国以来满汉就发生"血缘之关系"，"满洲人实已同化于汉人，而有构成一混同民族之资格"。在这里，梁启超正确地论证了满、汉同属中华民族大家庭的一员，而历史上两个民族长期形成的血缘亲情和文化上的互相影响与渗透，实际上使两个民族间建立了不可分割的血肉联系。但他由此出发否认满洲贵族对汉民族的民族压迫，否认两个民族之间还存在民族差别，进而鼓吹"忠君保皇"，认定"革命"与"保皇"可以兼容，则显然是错误的。

　　革命派尽管在民族问题上表述了某些狭隘民族主义观点，但孙中山还是正确指出革命的目的仅仅是推翻满洲贵族把持的封建王朝，而不是反对整个满族人民。在将来的共和国中，满族仍然是中华民族的一个重要组成部分，是各民族中平等的一员，仍然享有作为中国人的一切权利。孙中山还特别指出，"革命"与"保皇"是两条互相对立的政治路线，绝无折衷调和的余地，"革命、保皇二事，决分两途。如黑白之不能混淆，如东西之不能易位""事理相反，背道而驰，互相冲突，互相水火"。（孙中山：《敬告同乡书》）这就极其鲜明地划清了革命和改良的界线。

梁启超在《开明专制论》一文中，反复论证开明专制是"历史潮流""世界大势"，也是中国政治改良的唯一方向。他列出六种原因，证明"中国今日万不能行共和立宪制"：一曰中国人民智力低下，无实行共和之能力；二曰革命后所建立之军政府必然专权，而绝不会让权力于议会；三曰革命必然引起大乱，你争我夺，混战不已；四曰"土地国有"的理想根本无法实现；五曰三权分立的议会政治，不造成议会专制，就造成行政首脑的专制；六曰共和立宪必然引起新的革命，结果是革命接革命，永无休止，流血复流血，国无宁日。梁启超进一步论证说，由于中国人民能力低下，再加上施政机关不完备，不仅共和立宪无法实行，就是君主立宪也行不通。所以，"与其共和，不如君主立宪；与其君主立宪，又不如开明专制"。

孙中山、章太炎集中反击梁启超关于中国人民能力低下的观点，认为革命能解决一切问题："公理之未明，即以革命明之。旧俗之俱在，即以革命去之。"（章太炎：《驳康有为论革命书》）他们认定清王朝已经"病入膏肓"，丧失了改良的条件和基础，只有通过流血的革命推翻它，才能达到共和立宪之路。

在此问题的辩论中，梁启超对许多中国走向共和立宪准备不足之点的认识是深刻的，他预言的许多革命后的乱相也被辛亥革命后的历史所证实，这说明他对当时中国国情的认识和观察有不少超过革命派的高明之处。但当时的革命派和其他倾向革命的人们对梁启超的预言是宁信其无而不信其有的，他们对于革命的乐观态度既说明其对理想的执着，又表明他们的天真和幼稚。

第二，革命是否会引起下层社会的暴动和外国干涉？

梁启超在《暴动与外国干涉》一文中预言说，革命必然无序，必然引起"自然的暴动"，由此只能导致两种恶果。一是连续的大破坏后，社会长期动乱，根本无法建设。二是暴动的"排外性"必然引来外国干涉，再现八国联军侵略中国的危机，甚至是亡国灭种，覆社绝宗。所以结论只能是"不必革命""不忍革命""不能革命""不可革命"（梁启超遗稿：《非革命之理由》）。由此，必须走"监督""改良"清王朝的"坦坦平平之大道"。否则，一旦革命真的到来，"小之则自取灭亡，大之则亡中国，无损于满洲人之毫末，而徒予外国以莫大之机"。（《合集·文集之十九》）

革命派在反驳梁启超的上述观点时，重点强调革命分为"文明革命"和"野蛮革命"，资产阶级进行的是"文明革命"，是他们可以控制的"有秩序革命"，因而下层社会的暴动不会出现。革命派同时认为，革命不但不会招致外国干涉，反而是挽救民族危亡、避免列强瓜分的唯一途径："欲求免瓜分之祸，舍革命末由……外人之所以敢觊觎中国者，以中国政府之敝败也。颠覆政府，当以兵力，去其敝败，而瓜分之途塞。"（《革命今势论》，《民报》第 17 号）

在对待所谓"下层社会暴动"问题上，梁启超与革命派实际上都表现了对群众革命运动的恐惧。而革命派所谓"文明革命"和"秩序革命"也不过是他们的一厢情愿而已。至于外国干涉问题，应该说梁启超的观察更准确一点，而革命派的观点则显得幼稚和理想化。因为辛亥革命中和革命后，帝国主义一刻也没有停止对中国的各种形式的干涉，而这种干涉在很大程度上左右了中国政治的走向。

第三，是实行"土地国有""平均地权"的民生政策，还是维护土地私有制度和地主阶级的利益？

在《驳某报之土地国有论》中，梁启超断言"私有制度""为现代社会一切文明之源泉""盖经济之最大动机，实起于人类之利己心……今一旦剥夺个人之土地所有权，是即将其财产所有权最重要之部分而剥夺之，而人勤勉殖富之动机，将减去泰半""土地国有"必然"病全国之经济""危及政体之基础"。（《合集·文集之十八》）他认定土地国有必然使广大农民产生惰性，从而妨碍社会生产力的发展和人类文明的进步。梁启超进而认为，中国当时的土地并不集中，而且因自由买卖和诸子析产，土地所有权处于变动不居中。大地主变小地主，小地主变农民，农民变地主，无地变有地，有地变无地，循环不已，土地问题并不十分严重。在全国其他生产资料都私有的情况下，单单土地是不能实行国有的。真正解决问题的办法倒是相反，这就是承认私有，奖励私有，化公为私，把国家掌握的公有土地作价卖给私人。

革命派全力反驳梁启超的上述观点。他们一再论证，"平均地权"和"土地国有"的政策完全能够刺激农民的生产积极性，有利于促进社会生产力的发展和文明的进步。他们认为土地掌握在少数地主手里是不合理的："一国之地，当散一国之民。今同为一国之民，乃所得之田有多寡之殊，兼有无田有田之别，是为地权之失平。劳动之人，义务既重，权利转轻；徒手坐食之人，义务既薄，权利转优。而劳动之人转制于徒手坐食者之下，是为人权之失平。"（韦裔：《悲佃篇》，《民报》第 15 号）

在这个问题的辩诘中，革命派坚持改革封建土地制度和实现"耕者有其田"的方向无疑是正确的，但他们设计的"土地国有"和"平均地权"的方案带有理想化的色彩，基本上不具备可操作性。他们认为"平均地权"

和"土地国有"的政策完全能够刺激农民的生产积极性的观点也大有可商榷之处。梁启超坚持维护地主阶级的利益、看不到改革封建土地所有制的好处，显然有悖于历史潮流，但他关于土地私有能够刺激农民生产积极性的观点、关于土地国有使农民产生惰性的观点，并不是一点道理也没有的。另外，他关于当时中国土地占有状况的估计也比较真实地反映了中国的实际情况。所以，总起来看，在有关土地问题的辩论中，梁启超的观点在学术上似乎更接近历史真实，而革命派的观点则显示了浓重的乌托邦色彩，因而在后来国民党当政时期，这个"平均地权"和"土地国有"的方案也只能停留在纸面上。

在这次大论战中，尽管革命派的理论论点有许多缺点和不足，以梁启超为代表的改良派的观点也有不少可取之处，但由于当时的革命形势有利于革命派理论的张扬和传播，因而论战的结果就使武力推翻清王朝、实现立宪共和的观念深入人心，大大提高了革命派在全国人民心目中的地位，形成了中国近代史上第二次思想解放的潮流，进一步推动了资产阶级革命运动的高涨，为辛亥革命的到来做了舆论准备。

相当时期以来，中国近代史的研究者都对发生在 20 世纪初期的这场革命派与改良派大论战的积极意义做了充分肯定的评价，并且认为是革命派在政治和思想上对改良派的胜利。

现在看来，这种认识显然是有偏颇的。实际上，这场大辩论尽管热闹非凡，耸动了远近的视听，其中双方都不乏情绪化的尖刻言辞，但是，这毕竟是资产阶级内部两派的辩论，而且是在大方向—— 中国必须走资本主义道路—— 一致的前提下，因对实现这一目标的手段、方法认识的不同而进行的一场辩论，因而不应该过分夸大他们之间的分歧，更不应该将革命派看作绝对正确的一方，而将改良派看作绝对错误的一方。其实，就理论和学术的层面讲，革命派的失误并不比改良派少。而就对当时中国国情的

1905年，清政府派五大臣出洋考察政治。图为出洋的荫昌、戴鸿慈、端方（前排中坐者自左至右）等人在德国与德国军政官员合影。

认识而言，改良派可能比革命派更接近社会现实。这次论战还有一个为不少人忽视的重大意义，这就是大大加深了国人对当时中国国情的认识，这显然是由论战双方推动的，而改良派的贡献可能更大一点。

四、立宪派的领袖

革命派和改良派的大论战虽然在 1907 年后进入低潮，革命派似乎在声势上压倒了改良派，但是，这并没有改变双方的立场观点和行动准则。革命派继续进行推翻清王朝的武装斗争，发动了一次又一次的攻击清朝官府和军队的起义。而改良派则循着和平改良的路子，力图使清王朝走上君主立宪的道路。

面对日益严重的革命形势，面对改良派和地方实力派不断发出的实行宪政的呼吁，清朝顽固派再也不能照旧顽固下去了。他们于是接过宪政的招牌，煞有介事地演出了他们自己编排的宪政闹剧。1905 年 10 月至 1906年 8 月，清廷派尚其亨、李盛泽、载泽、戴鸿慈、端方五大臣到欧美考察宪政。1906年9月2日，清廷上谕预备立宪。1907年9月，清廷再派汪大燮、孙家鼐、于式枚出使美、日、德三国考察宪政。9月20日，下令建立资政院以立议院基础。10月，令各省筹设咨议局，预备建立各府州县议事会。1908年8月，公布国会召集办法，宣布立宪预备期为九年。11月，光绪皇帝和慈禧太后先后两日内死去。摄政王载沣于12月3日宣布预备立宪，预备期为八年。1909年3月6日，又宣布"预备立宪，维新图治"的宗旨。8月14日，下令各省咨议局开会。1910年10月，资政院开院，选出王公贵族、部院长官和所谓"硕学通儒"88人为议员。11月，清廷颁示于宣统五年（1913）开设议院，并预行组织内阁。1911年5月，"皇族内阁"出笼，演完了预备立宪的最后一幕。10月10日，武昌城头的枪声结束了清王朝仅演至"预备"阶段的所谓宪政。

清王朝进行了七年之久的立宪丑剧，虽然一直停留在预备阶段，但似乎演得有声有色，热闹非凡。七年之前还被顽固派视为洪水猛兽的立宪，忽然一下子成了香饽饽。清朝的王公贵族喊立宪，汉族地主阶级的当权派，从顽固派到洋务派，从中央的军机尚书，到地方的总督巡抚，也喊立宪。由维新派及其流裔们组成的令人眼花缭乱的立宪团体，更是放开喉咙喊立宪。但他们积极参与立宪的目的却是大相径庭。

以载沣为首的满洲王公贵族，虽然也宣布了预备立宪，但骨子里念的却是"立宪立宪，立我所限"的满洲王公贵族专制经。所以他们最后运作出一个"皇族内阁"就不难理解了。汉族的中央和地方实力派官僚高喊立宪的目的，一是借此进一步巩固他们在中央和地方，尤其是在地方上的既得利益，防止满洲王公贵族插手；二是在清廷中央也树立汉族大官僚的优势，打破满洲王公贵族在中央政权中的传统优势地位。然而，"皇族内阁"使他们对满洲王公贵族的专权颠顸再也无法容忍，所以辛亥革命后他们很快与清政府分道扬镳，纷纷挂起"革命"的旗子，转而投革命之机，以便借

梁启超手迹

"革命"的名义保住自己既有的权力和财富。以上两派其实都是立宪运动中的假立宪派,他们不过是假立宪之名,以维护和加强自己昔日的权势罢了。

只有梁启超为首的改良派是比较纯正的真立宪派。1906年,当清王朝敲响立宪锣鼓的时候,梁启超立即响应。他先是将"保皇会"的原班人马改组为"帝国宪政会",不管人家愿意不愿意,硬是将载沣和载泽推戴为正、副总裁,后来为了活动方便,又组织了一个"政闻社"。梁启超在他起草的《政闻社宣言》中,公开承认:"政闻社所执之方法,常以秩序的行动,为正当之要求;其对于皇室,绝无干犯尊严之心;其对于国家,绝无扰紊治安之举。"(《合集·文集之二十》)他们只是行使"立宪之明诏"规定的"集会结社之自由"而参加宪政活动,是任何人都无权干涉的。这个宣言突出表明了他们通过宪政改良清朝政府的愿望和决心。

政闻社在日本成立后,梁启超立即要求有条件的成员回国活动,广泛联络各地有影响的士绅、华侨、学生,不断地开会演说,通电请愿,把要求迅速立宪的舆论,造得充塞朝野。梁启超本人则一面打通内部关节,与清朝贵族官僚广泛联络,一面奔走于上海、东京、神户之间,做指示,写文章,对立宪派的活动进行指导。1908年1月,政闻社将总部迁至上海,进一步加强了在国内各地的活动。针对清王朝爬行般的立宪速度，政闻社于 6 月初以该社全体成员名义致电宪政编查馆，请限期三年召集国会。电文中有这么一段："国会一事，天下观瞻所系，即中国存亡所关，非宣布最近年限，无以消弭祸乱，维系人心。且事必实行，则改良易；空言预备，则成功难。凡事如斯，岂惟国会？近闻有主张十年二十年者，灰爱国者之心，长揭竿者之气。"（《年谱·一九〇八年》）这真实反映了他们对宪政的急迫心情。然而，政闻社的活动却引起清朝顽固派的疑忌，因为他们既然搞的是假立宪，就决不允许真立宪有容足的余地。6 月 27 日，清廷下令将政闻社重要成员、法部主事陈景仁革职，交由地方官"严加管束"；7 月 17 日，又发出了查禁政闻社的上谕。在清廷的高压下，梁启超只得忍痛解散了政闻社。

尽管政闻社被取缔，但丝毫没有消解梁启超对立宪的热情。他明白，清廷中的顽固派和洋务派虽然将立宪喊得震天响，其实他们对宪政却一窍不通。著名的五大臣出洋考察宪政的报告《东西各国宪政之比较》，不还是他们秘密请自己炮制的么！所以，他认为自己在宪政问题上享有最大的发言权，他必须负起既秘密又公开地指导宪政的责任。1909 年 9 月各省咨议局成立后，梁启超即派出徐佛苏常驻上海，担任与国内各立宪团体的联络任务。通过他，梁启超几乎指导着清廷立宪的每一个环节。徐佛苏的《梁任公先生遗事》这样记载：

> 当时清大吏不解宪政为何物，其馆（清廷的宪政编查馆）中重大文牍，大率秘密辗转，请求梁先生戴筹代庖。尤可笑者，例如当年之法部与大理院两署，常争论权限，又皆无精当之主张，而两署皆分途秘求梁先生代为确定主张及解释权限，甚至双方辩释之奏议公函，均出于先生一人之手，而双方各自诩主张之精辟。故先生当年代宪政馆及各衙署

1910年，梁启超与思庄、思忠（右一）摄于东京

各王公大臣所秘撰之宪政文字，约计有二十余万言。（《年谱·一九〇九年》）

显然，清廷吹吹打打的立宪活动，在一定程度上是由梁启超坐镇日本遥控指挥的。更重要的是，他紧跟清廷立宪活动的步伐，不时发表文章，对宪政尽理论上的指导之责。例如1910年，他共发表文章66篇，其中22篇直接论述宪政，26篇谈财政的文章也与宪政有关。1911年发表的21篇文章中，有7篇是论宪政的。在这数十篇论述宪政的文章中，其中有几篇在当时是很负盛名的。如《为国会期限问题敬告国人》《论请愿国会当与请愿政府并行》《宪政浅说》《国会与义务》《中国国会制度私议》《立宪国诏旨之种类及其在国会法上之地位》《责任内阁释义》等。在这些文章中，梁启超繁征博引，对欧美和日本各国的宪政进行比较，认定当时中国的宪政应以日本和英国的宪政为蓝本，建立君主立宪政体。一方面，皇帝还要享有崇高的尊严，以国家元首的名义公布法律，任免官吏，批准签订条约、进行宣战媾和等。另一方面，皇帝之下设立议院，由王公贵族、

政府大员、地主豪绅、企业家和高级知识分子中选出的议员组成。议院制定法律，通过预算，决定国家的各项大政方针，而以责任内阁去执行。梁启超设计的这个宪政方案，尽管保留了清王室的尊严和诸多权力，也充分照顾到了当时各权势者的利益，但如果能够真正实行，还是可以将中国从政治上缓慢引向资本主义发展道路。然而，嗜权如命的清廷顽固派是决然不会全盘接受这个方案的。果然，到了 1911 年 5 月 8 日，他们就立宪出来了一个"皇族内阁"，在 13 名阁员中，皇族竟占了 9 席。这一结果立即引来舆论的一片哗然，也使对宪政满怀期望的梁启超心灰意冷。其实，即使在他此前积极进行立宪活动的时候，他对以立宪挽救清朝皇纲于不坠的期许也信心不足，因为一方面革命形势在向前发展，以推翻清朝统治为目标的武装起义接二连三地发生，另一方面，病入膏肓且内部矛盾重重的清政府似乎已经没有什么灵丹妙药能够使之起死回生了。梁启超为代表的立宪派在革命派和清政府的双面夹攻中奋斗，瞻念前程，悲凉的情绪油然而生。早在 1907 年他写的《连夕与弱庵侍南海先生话国事叠前韵再呈》一诗中就露出了这种心声：

> 永夜中天月色荒，对论世难各彷徨。
> 已惊草泽妖氛急，况有萧墙隐祸藏。
> 俗变兰荃成粪壤，时来鸡犬坐堂皇。
> 横流沧海知何届，泪眼低回吅彼苍。

（《合集·文集之四十五下》）

1909 年，梁启超在《上摄政王书》中，也透漏了这种失望悲愤情绪：

> 十年以来，形式上之变法亦多端矣。而变一法则多辟一舞弊之窦，

增一官则多开一奔竞之门。最近数年间，益复政以贿成。苞苴之举，妾妇之容，士大夫明目张胆，公然行之不以为怪。廉耻道丧，衣冠涂地。其留学于外自命为有新知识者，一入宦途，奄然同化，抑更甚焉。盖朝野上下，殆不复知有国家、知有职务。所知者惟私人利禄而已。以如此之人心风俗，无论若何良法美意，一经其手，便成弊原。变法云云，立宪云云，徒以供彼辈藏垢纳污之用耳。（中国社会科学院近代史所藏《梁启超书信》）

另外，1910年2月他写的一首和康有为的诗也反映了同样的情绪：

> 觚棱回首是河梁，十二年中各逊荒。
>
> 难以焦头完火宅，枉将奇梦发明王。
>
> 出生入死行何畏，转绿回黄究可伤。
>
> 青史恐随弓剑尽，鼎湖西望最凄凉。
>
> （《合集·文集之四十五下》）

这一时期的梁启超，显然处于一种极度的矛盾惶遽状态。他钟情的立宪被清廷演成了大部分国人嗤之以鼻的丑剧，真立宪实现的希望渺茫。他深恶痛绝的"革命"却一浪高过一浪地向前发展。1911年10月10日，武昌起义爆发。梁启超有所料，但不愿竟如所料的事情终于发生了，他诅咒过无数次的革命居然一夜之间变成了现实。他只能面对现实，思谋新的路径。

第四章

从"附袁"到"倒袁"

从"附袁"到入阁

"椎心泣血"进忠言

投身"护国战争"

对袁世凯的揭露与抨击

一、从"附袁"到入阁

武昌起义爆发后，全国云集响应。被革命吓得手足无措的清政府不得不下"罪己诏"，解散皇族内阁，同时宣布大赦党人，悬在梁启超头上13年之久的通缉令，总算被他视为左道旁门的革命解除了。梁启超在惊惧之余，立即向国内的立宪党人发出指令："和袁、慰革、逼满、服汉，大方针不外此八字。"（中国社会科学院近代史所藏《梁启超书信》）皇族内阁垮台后，清廷只能求助汉族实力派人物袁世凯，资政院于是选举袁为内阁总理大臣。在袁组织的新内阁中，梁启超被任命为法部副大臣。他权衡再三，虽然没有立即赴北京就任，但却认为这是实现他君主立宪理想的千载难逢之机，于是致信袁世凯，并公开发表文章，要求他在保留清朝皇统的前提下，迅速完成君主立宪以稳定形势。然而，此时大权在握的袁世凯已经不愿意再头顶一个能够制约他的皇帝了。在与革命派讨价还价之后，他以一出精心谋划的逼宫戏将宣统皇帝逼下了龙座，使统治中国260多年的清王朝寿终正寝。这个结局虽然是梁启超不愿看到的，但他环顾宇内，认为此时只有袁世凯才是中国秩序的救主，所以也就心甘情愿地归附袁世凯，希望通过他实现自己的宪政理想。在袁世凯窃据总统的第10天，他就给袁写了一封披肝沥胆的长信，对其极尽阿谀献媚之能事："欧阳公有言，'不动声色，而厝天下于泰山之安'，公之谓矣。三月以前，举国含生，汲汲顾影。自公之出，指挥若定，起其死而肉骨之。功在社稷，名在天壤，岂俟鲰生揄扬盛美者哉？今者率土归仁，群生托命，我公之所以造福于国家，实仅发端。而国民所为责望于我公者，益将严重。"在信中，他为稳定袁世凯的统治出谋划策，建议他政治上以清朝旧官僚为中坚，适量吸纳立宪党人和革命派中的动摇分子，建立从中央到地方的各级行政机构，

袁世凯

以共和之名，行开明专制之实；财政上大借外债，统一货币为虚金本位制；同时网罗党羽，操纵舆论，使报刊为己所用。所以这一切，都是梁启超掏心窝子的话。这充分表明，此时的梁启超是真心实意地为袁的长治久安殚精竭虑了。

1912 年 11 月 28 日，梁启超回到他阔别了 14 年的北京。1913 年 5 月，他将原立宪党人为主的改良派人士组成进步党，在国会中与革命派组成的国民党相抗衡，全力支持袁世凯，千方百计地稳定袁的统治。

袁世凯窃据总统以后，即加速独裁专制的步伐。他先是指使暴徒刺杀了国民党领袖宋教仁，接着批准五国银行大借款，积极准备以武力打垮南方的国民党势力。以孙中山为首的革命派为了反抗袁世凯的专制独裁，于 1913 年 7 月发动"二次革命"，在江西、安徽、南京等地举兵讨袁。然而，由于准备不足，仓促起事，很快被准备充分的袁世凯的北洋军打败。对袁世凯一连串专制独裁的行动，梁启超和他为首的进步党人都是全力支持的。1913 年 9 月袁世凯扑灭国民党发动的"二次革命"以后，为了酬赏进步党人协助自己打击国民党的功劳，他宣布成立了以熊希龄为总理、以进步党人为基干的所谓"第一流人才和第一流经验内阁"，梁启超被任命为司法总长。

梁启超是这个所谓"第一流人才和第一流经验内阁"的灵魂。他拟定了《政府大政方针宣言书》，向社会公布了这个内阁的基本理念和具体施政方针。其中说："欲确立中国在世界之地位，其枢机首在外交。……今后外交方针，惟当以两义为之纲领：一曰开诚布公以敦睦谊也。……二曰审势相机以结悬案也。……在友邦凤重正义，尊重主权，断不能以不能堪之要求加之于我。""内治之本，其惟财政"，"治标之法，在于节约开支，增加税收，发行公债，量入为出。""治本之策，一曰改正税制，二曰整顿金融，三曰改良国库。"在军政方面，规定全国兵力裁至50镇。行政方面，要求澄清吏治，严格考试人才之法，废省改道。最后还规定孔教为国教等。内阁的这个大政方针是一个典型的改良主义纲领。其外交方针不过是"平衡"列强的在华利益，财政政策体现了梁启超多年的财经思想。最有新意的是裁军和废省改道，而恰恰是这两项措施决定了这个内阁迅速垮台的命运。因为自晚清以来，军政双兼的地方督抚就成了独霸一方的军阀，辛亥革命后他们摇身变成都督、民政长之后，这种情况更加严重。熊希龄和梁启超想凭一纸空文削军阀的地，裁他们的军，无异与虎谋皮。得不到他们的认可，内阁椅子是无法坐稳的。如果再加上袁世凯随时掣肘，这个内阁的命运就可想而知了。

由于熊内阁是靠袁世凯的支持上台的，以梁启超为首的进步党又是国会中最主要的与国民党对立的政党，所以他们上台伊始，就抱定拥袁的宗旨，紧跟袁世凯专制独裁的步伐，处心积虑地打击国民党。本来，按照《中华民国临时约法》规定的民主程序，国会应该先定宪法，后选总统。但袁世凯要求先选总统，后定宪法。进步党附和袁世凯这种明显的违法之举，在国会中将袁推上正式总统的宝座。接着，熊内阁就副署袁世凯解散国民党的命令，使国会参、众两院开会时都不足法定人数，实际上等于解散了国会。1913 年 12 月，袁世凯组织了御用的"中央政治会议"，专门为自己的专制独裁立法。1914 年 1 月 10 日，又正式下令解散国会。2 月 3 日，停办地方自治。2 月 4 日，解散省议会。至此，辛亥革命以来资产阶级民主的一切残存的形式，除了总统日后由皇帝代替外，统统被袁世凯扫荡一空。对于袁世凯这些明目张胆违反民主原则的指令，熊内阁一一予以副署。但到了这步田地，熊希龄和梁启超还不明白，他们协助袁世凯彻底消灭资产阶级革命的成果之日，也是他们的内阁寿终正寝之时。

熊内阁上台执政的五个月，是进步党人很得意的一个时期。梁启超为首的改良派满以为，既然他们不顾名誉，不计成败，卖力地协助袁世凯打垮了国民党，摧毁了国会和几乎一切资产阶级革命的成果，他们就能够与袁世凯合作到底，轰轰烈烈地干出一番事业来。他们的理想是：制定一部宪法，使中国走上宪政的轨道；改革地方行政体制，削弱地方军阀割据势力；整顿财政金融，发展工商业，稳定袁世凯的统治基础。但所有这些改良主义蓝图，与袁世凯绝对专制主义的个人独裁仍然难以调和。因为袁世凯所要的是皇帝的绝对尊严和权力，任何从外面加到他身上的"法"和"制"都是他绝对不能接受的。他要的是自我作法，自我定制，似乎一经别人之手，就是对他威严的亵渎。所以，当熊内阁副署完袁世凯一系列的独裁专制的命令以后，袁世凯就决定将他们一脚踢开，焉有狡兔死而走狗可以不烹的道理呢！

1914 年初，袁世凯决定将熊内阁赶下台。第一步，袁公布热河盗宝案，打击熊内阁的威信。第二步，袁否定熊内阁安排蔡锷为湖南都督，而以汤乡铭代替，使熊内阁失尽颜面。第三步，袁鼓动地方军阀向熊内阁索饷，使他们难以应付。至此，熊希龄和梁启超才明白，对他们来说，内阁的位子并不是鲜花和红地毯铺就的宝座。面对袁世凯的绝情和冷面，1913 年底，熊希龄只好提出辞呈。梁启超也只能与熊希龄共进退，于是也跟着提出了辞去司法总长的呈文。1914 年 2 月 12 日，袁世凯批准了他们的辞呈，这个自诩的"第一流人才和第一流经验内阁"终于在执政五个月后黯然退场。当梁启超离开司法部那古老的衙门，检点自己做司法总长五个月的成绩时，他才发现，这成绩只不过是草拟了几道呈文和命令而已。至此，他才醒悟，自己煞费苦心运动成功的熊内阁，到头来只不过是一场春梦。

梁启超辞去司法总长以后，袁世凯又任命他做了币制局总裁这样一个闲散的官儿。在任期间，他也想有所作为，建议袁世凯筹巨款改革中国的货币制度，先统一到银本位制，再统一到金本位制，同时改革银行制度，统一货币发行，整理滥发的纸币，使中国的财政金融走上正轨。然而，这一切对袁世凯而言，不过是清风过耳。梁启超意识到他在这个官位上同样不能有所作为，只好在 1914 年底递上辞呈，离开了袁世凯的政府。1915 年，梁启超在《吾今后所以报国者》一文中，回顾自己进入袁政府的经历时说："徒以当时时局之急迫，政府久悬，其祸之中于国家者或不可测。重以友谊之敦劝，乃勉起以乘其乏。其间不自揣，亦颇尝有所规画，思效铅刀之一割。然大半与现在之情实相阂。稍入其中，而知吾之主张，在今日万难贯彻。而反乎此，又恒觉与心有所未安。"（《合集·文集之三十三》）他感到自己似乎不太适合从事政治活动，于是决心脱离政治，专注学术：

> 自今以往，除学问上或与二三朋辈结合讨论外，一切政治团体之关系，皆当中止。乃至生平最敬仰之师长，最亲习之友生，亦惟以道义相切劘，学艺相商榷。至其政治上之言论行动，吾决不愿有所与闻，更不能负丝毫之连带责任。（《合集·文集之三十三》）

梁启超这里讲的可能是真心话，这表明他对自己的政治理想与现实的距离心存悲观，因而对政治产生厌倦情绪。然而，就在他发出脱离政治宣言的同时，袁世凯的帝制运动却犹如脱缰之马奔驰。内心深处实际上对政治无比眷恋的梁启超赶快将墨迹未干的宣言抛在一边，又积极地投入到反对袁世凯帝制自为的护国运动中去了。

二、"椎心泣血"进忠言

袁世凯是清朝抚育壮大起来的老官僚。尽管由他亲手将清朝皇帝逼下龙座，可他自己心中却有着挥之难去的帝王情节。从他自革命派手中夺取胜利果实、窃取临时总统、宣誓"永不使君主政体再行于中国"那天起，就开始了他的皇帝梦。他不仅羡慕皇帝的尊荣，而且更希望通过皇帝的形式把中国变成他一家的私产而永远世袭下去。从1913年扑灭革命派的"二次革命"、解散国民党、扫荡国会省议会、取消地方自治，到1914年踢开"第一流人才和第一流经验内阁"以后，他在帝制自为的道路上更是快马加鞭。1914年初，组织中央政治会议，改造临时约法，加强总统权力。接着，以政事堂取代国务院，使责任内阁制变成总统独裁制。再后，组织御用的参议院，为自己的无限权力立法，将总统变成终身制和世袭制。1915年8月，公开组织筹安会筹备帝制。紧接着，就操纵御用的"国民代表大会"在10月投票赞成"改变国体"，12月，代行立法院的参议院就将袁世凯"选举"成了"中华帝国皇帝"。这就是中国近代史上似旋风般出现的"洪宪"帝制丑剧。

本来，梁启超为首的进步党人对袁世凯政权是衷心拥护的。因此，即使在"第一流人才和第一流经验内阁"被踢开以后，他们也还是不改变对他的耿耿忠心。所以，1914年袁世凯的御用立法机关参议院成立时，梁启超和熊希龄也没有拒绝做参议员。而在这个参议院为袁世凯的总统独裁专制立法时，梁启超和熊希龄也同样投了赞成票。当时梁启超及其进步党始终抱定一条宗旨：只要袁世凯保留总统形式，不搞帝制，他们就拥护他到底。因为他们一直对袁世凯存有一丝幻想，希望通过他实现自己梦寐以求的宪政理想。然而，当袁世凯决心进行帝制时，梁启超就决定与他分道扬镳了。因为辛亥革命后的梁启超始终保留着一份清醒：在清王朝被推翻，共和国的观念已经深入人心的形势下，无论何人企图恢复帝制，都只能落得个身败名裂的下场。

由于梁启超是改良派的代表人物，他的身后不仅站着一个有影响的群体，而且他本人又是中国舆论界最具影响力的大人物之一，如果能将他拉进拥护帝制的队伍，无异能使帝制如虎添翼。所以，梁启超不能不成为帝制派极力争取的一个大目标。果然，1915年初，袁世凯的长子袁克定就在京郊的小汤山宴请梁启超，由"筹安会六君子"之一的杨度作陪。他们提出变更国体，要求梁启超赞同帝制并加入运作。梁启超为之分析国内外形势，指出帝制不仅不能成功并且会带来意想不到的凶险。双方话不投机，不欢而散。因为梁启超不希望看到袁世凯因帝制而垮台，就千方百计地加以劝止。他于是出京，找到袁的亲信、江苏将军冯国璋，于6月回到北京，一起亲临总统府，苦口婆心，晓以利害，极力地规劝袁放弃帝制的谋划，不要走自取灭亡的道路。袁世凯知道他们反对帝制，所以隐瞒自己的真实意图，指天誓日地表示决不进行帝制。然而，7月，美国流氓古德诺鼓吹帝制的文章出笼，"六君子"的筹安会也公开挂牌办公，袁世凯的司马昭之心已经暴露无遗。到这时，梁启超再也不能隐忍不言，于是一面致信杨度，毅然与之绝交；一面草就反对帝制的大文章《异哉所谓国体问题者》，向袁世凯公开表明了自己的立场。袁世凯得知梁的态度后，也不免有几分惊慌。他明白，这位舆论骄子一旦发言，不啻金鸡一鸣，对他犹如爆响一颗大炸弹。因而赶忙派人找到梁启超，以20万元巨款作筹码，要他放弃发表这篇文章。由于梁认定帝制必然失败，所以对 20 万元不屑一顾。他婉言谢绝，同时为了使袁世凯清醒一下，立即将文章誊录一份寄给袁世凯。袁世凯看到文章，气了个半死，马上又派人来见梁启超，施以百般地威胁利诱，但都没有动摇梁的立场。1915 年底，当帝制的锣鼓敲得震天响时，梁启超也毅然让他的名文与读者见面。此文好像一声惊雷，立即产生了巨大而广泛的影响。但细读全文，你就会发现，充溢其中的并不是梁启超对帝制的深恶痛绝，而是对袁世凯椎心泣血的忠告，反复论证的是帝制必然失败的前景。他坦言自己并非一般地反对帝制，因为在他看来，帝制与共和作为政体没有好坏之别。他也并不是绝对反对袁世凯登基称帝，而是反对袁世凯在时机不成熟时因称帝导致全盘皆输的结局。他说：

> 今年何年耶？今日何日耶？大难甫平，喘息未定。强邻胁迫，吞声定盟。水旱疠蝗，灾区遍国，嗷鸿在泽，伏莽在林。在昔哲后，正宜撤悬避殿之时。今独何心乃有上号劝进之举。夫果未熟而摘之，实伤其根；孕未满而催之，实戕其母。吾畴昔所言，中国前途一线之希望，万一以非时之故，而从兹一蹶，则倡论之人，虽九死何以谢天下？

不难看出，《异哉所谓国体问题者》是梁启超对袁世凯的推心置腹的忠谏之书。他在发表之前就先送袁世凯，正表示了他对袁的厚爱和忠贞。同时，他也是向袁世凯发出明确的警告：如果你不听我的劝告，我就用这篇文章动员全国的舆论反对帝制。千言万语一句话：你一定不要舍总统而皇帝。不做皇帝，总统之位安于磐石；舍总统而皇帝，则总统和皇帝皆不可得。

然而，这时的袁世凯已经被他自己和党徒们制造的帝制梦陶醉得忘乎所以了，他们哪里听得进梁启超的逆耳之言：既然龙袍已经造好，就是到棺材里去抖抖威风也不枉活一世。袁世凯于是欣然接受帝制，兴高采烈地指使党徒们筹备1916年元旦的登基大典。至此，梁启超知道袁世凯已经不可救药，他与袁世凯之间也没有了转圜的余地，他只能忍痛与之切割，毅然走上挥泪反袁一途了。

三、投身"护国战争"

1915年底，梁启超和他的弟子蔡锷即全力投入武装反袁的策划，由此使中国近代史上一个著名的历史事件"护国战争"闪亮登场。1916年下半年，梁启超编辑出版了他在护国战争期间所写的主要文章、函电的结集《盾鼻集》。蔡锷在为这本书写的"序"中说：

> 帝制议兴，九宇晦盲。吾师新会先生居虎口中直道危言，大声疾呼。于是已死之人心，乃振荡而昭苏。先生所言全国人人所欲言，全国人人所不敢言。抑非先生言之，故不足以动天下也。……当去岁秋冬之交，帝焰炙手可热。锷在京师，间数日辄一诣天津，造先生之庐，谘受大计。及部署略定，先后南下。濒行相与曰：事之不济，吾侪死之，决不亡命；若其济也，吾侪引退，决不在朝。（《合集·专集之三十三》）

蔡锷在这里讲的他们师生的反袁策划，的确道出实情。梁启超在《国体战争躬历谈》一文中也有着大致相同的记载：

> 当筹安会发生之次日，蔡君即访余于天津，共商大计。余曰：余之责任在言论，故余必须立刻作文堂堂正正以反对之。君则军界有大力之人也，宜深自韬晦，勿为所忌，乃可以密图匡复。蔡君韪其言，故在

京两月,虚与委蛇,使袁氏无复疑忌。一面密电云贵两省军界,共商大义。又招戴君戡来京面商。……戴君以去年十月到京,乃与蔡君定策于吾天津之寓庐。后此种种军事计划,皆彼时数次会谈之结果也。(《合集·专集之三十三》)

1915 年 12 月份,蔡锷和戴戡摆脱了袁世凯的监视,在日本人的帮助下经日本转赴云南,与云贵两省的军界人士进行武装反袁的具体谋划。梁启超则以省亲和出洋的名义赴上海,再相机去南方,以便联络南方反袁势力建立统一战线。在离开天津前夕,他还没有忘记投递《上大总统书》,对袁世凯进上最后的忠告,希望他悬崖勒马,回头是岸:

所最痛忧者,我大总统四年来,为国尽瘁之本怀,将永无以自白于天下。天下之信仰,自此隳落,而国本即自此动摇。……今也水旱频仍,殃灾洊至,天心示警,亦已昭然。重以吏治未澄,盗贼未息,刑罚失中,赋敛繁重,祁寒暑雨,民怨沸腾。内则敌党蓄力待时,外则强邻狺焉思启。我大总统何苦以千金之躯,为众矢之鹄;舍磐石之安,就虎尾之危;灰葵藿之心,长萑苻之志?启超诚愿我大总统以一身开中国将来新英雄之纪元,不愿我大总统以一身作中国过去奸雄之结局;愿我大总统之荣誉,与中国以俱长,不愿中国之历数,随我大总统而同斩。是用椎心泣血,进此最后之忠言。(《合集·专集之三十四》)

然而,梁启超这个"墨与泪俱"的忠告,对于此时头脑发昏的袁世凯不啻对牛弹琴。1915 年 12 月 12 日,袁世凯承认帝位,在居仁堂接受百官朝贺。11 天后,12 月 23 日,蔡锷在云南昆明的护国寺誓师反袁,揭开了护国战争悲壮的一幕。

应该承认，反对帝制的护国战争仍然具有民主革命的意义。参加护国战争的政治势力主要是梁启超为首的进步党、北洋军阀内部的反袁派，以及以资产阶级革命派中的温和派为主组成的国民党，其主要军事力量是受辛亥革命影响较深的云、贵和两广地方实力派。由于进步党介入较早，加上有梁启超和蔡锷这样文武两面旗帜，所以护国战争的领导权在很大程度上被进步党抓去，这就使梁启超等人在事实上左右了护国战争的进程。

1915 年 12 月 23 日开始的护国战争，是以蔡锷、唐继尧、刘显世、戴戡等领衔发出《云南致北京警告电》为标志的，这个电文就出自梁启超之手。两天之后的 25 日，又以以上诸人名义发出梁启超代拟的《云南致北京最后通牒电》。27 日，刘显世在贵州宣布独立，而蔡锷领导的护国军则在同一天开赴前线，以大炮的轰鸣敲响了帝制的丧钟。为了配合护国军的军事行动，梁启超不停地为独立省区起草通电，一面对袁世凯进行痛快淋漓的讨伐，一面宣示反袁阵营的政治主张。在他起草的《云贵檄告全国文》中，痛骂袁世凯窃夺总统职位四年，"在政治上未尝示吾侪一线之光明，而汲汲为一人一家怙权固位之私计。以阴柔之方略，操纵党派；以狠鸷之权术，蹂躏国会；以卑劣之手段，诛除异己；以诱胁之作用，淆钳舆论；以朋比之利益，驱策宵小；以虚侨之名义，劫制正人。……觊觎神器，帝号自娱。背弃口宣之誓言，干犯公约之宪典"，是罪大恶极的窃国大盗。为了分化袁世凯阵营，他故意为附逆的文武大员开脱："实则群公之权宜承旨，或出于顾全大局投鼠忌器之苦心，或怀抱沈机观变待时而动之远识。岂其心诚悦服，甘作贰臣，走风狂中，殉兹戎首。"最后，提出反袁阵营的政治目标：

义师之兴，誓以四事：一曰与全国民勠力拥护共和政体，使帝制永不发生；二曰划定中央地方权限，图各省民力之自由发展；三曰建设

名实相副之立宪政治，以适应世界大势；四日诚意巩固邦交，增国际团体上之资格。（《合集·专集之三十三》）

不管梁启超内心怎么想，他提出的这四条纲领，仍然具有捍卫资产阶级民主革命成果的进步意义。因为维护共和和实现立宪是资产阶级革命派追求的基本目标。至于加入地方自治的条款，则主要是反映南方独立省区的利益。而"诚意巩固邦交"一条无非是告诉列强，反袁的中国各派政治力量不会触动列强在华的经济利益和政治特权。显然，这四项目标的提出，一是为了统一反袁各派的共识，凝聚反袁派的力量。二是防止列强的干涉，减少斗争的阻力。应该说，梁启超的考虑是比较周全的。

云贵相继独立后，护国运动的声势虽然不小，但真正投入反袁的军事力量并不大。因为西南实力派唐继尧等人，一方面对军事上战胜北洋军缺乏信心，另一方面对远在四川、湖南的北洋军构成的军事威胁也没有切肤之痛，因而对蔡锷在前线的军事行动也就没有切实有力的支援措施。如此一来，这就使蔡锷在四川南部对北洋军的战斗十分吃力。尽管护国军士气昂扬，但由于力量相对弱小，就没有取得预期的胜利，开战不久两军即呈胶着状态。对此，梁启超忧心如焚。他知道，改变这种状态的最好办法，是策动广西独立，使滇、黔、桂连成一片。1916 年 1 月 25 日，梁在上海致广西都督陆荣廷一书，促其尽快宣布广西独立，其中说，"且彼之帝业若可图，则其爵赏容或可慕""权谋不可不用，然亦不能久用；利害不可不审，然亦不可太审。"（《合集·文集之三十三》）目的是消除陆荣廷的狐疑犹豫。陆接信后，立即致电梁，并派人至沪，促其尽快赴桂，共谋大计。3 月 4 日，梁在日本驻沪武官青木中将帮助下，乘日本横滨丸自海上南下；7 日抵香港。后还是在日本人的帮助下，经越南，于 3 月下旬到达广西龙州。接着，陆荣廷就发出了梁代拟的广西独立通电。紧接着，梁启超又与陆荣廷联名发出《广西致各省通电》，电文对袁世凯就不是昔日"墨与泪俱"的劝谏，而是声色俱厉的讨伐了：

> 在职四年，秕政百出，神人冤愤，罪已贯盈。更怀野心，妄觊神器。以前清顾命之大臣，而蔑视优待条件，欺人孤寡，恬不知耻。以民国付托之公仆，而背弃就职誓言，明犯国宪，狡不承罪。……荣廷怵于报国大义，不敢不挥泪以誓师徒，启超虽以文弱书生，亦只得竭才以赞帷幄。（《合集·专集之三十三》）

广西独立无疑是对袁世凯的重大打击。在袁的党徒中折冲了多时而没有发出的取消帝制的通电，终于在3月22日以袁世凯的名义发出，护国运动取得了第一个回合的胜利。

袁世凯宣布取消帝制的第二天，北京政府黎元洪、段祺瑞、徐世昌三人联名致电蔡锷等护国军将领，要求息兵停战，商量善后办法。梁启超明白，帝制自为的袁世凯犹如被抛到茅坑里的神像，再扶上祭坛也难以招徕香火。他于是立即向西南护国军系统的首脑人物发出通电，要他们务必坚持以袁世凯退位作为和谈的条件。4月初，梁启超到达南宁，马上策划广东将军龙济光的独立活动。在龙同意与护国军合作后，他即与陆荣廷随桂军入粤，并于4月19日在肇庆成立了护国军两广都司令部，以岑春煊为都司令，梁启超为参谋，开府办事。接着，他又积极策划组织两广、云、贵的统一政府。经过一番紧张的筹划，5月8日终于在肇庆成立了军务院，以岑春煊为抚军长，梁启超为抚军兼政务委员长，作为反袁各派势力的统一政府，与北洋政府进行讨价还价的谈判。

当时，南北和谈的最大障碍是袁世凯赖在总统位子上不走。而梁启超则认为，袁世凯退出总统职位恰恰是和谈的前提。他在致黎元洪等人的电报中说："国事至今日，舍项城退外，更无弭兵之望。"进而讥讽说："再醮之妇，更要求归奉宗祧，不徒大悖于礼，且亦难以为情。"（《合集·文集之三十三》）但由于北洋军阀的代表人物段祺瑞坚持不对袁世凯演逼宫戏，南北和谈也就一直僵持着。其实，袁世凯退位与否，对南北双方不过是表面文章，骨子里真正的东西乃是地盘和权力的再分配。这一层梁启超在 5 月 14 日致蔡锷的电报中说得再明白不过了："冯段和议，虽难显拒，然实力发展一分，则条件有利一分。此役结果，最低限度，亦须造成南北均势。"

正当南北和谈因袁世凯的去留问题难以转圜的时候，袁世凯于 6 月 6 日在全国人民的唾骂声中呜呼哀哉。由于老天爷将谈判的障碍消除，南北和谈自然深入一步，开始接触地盘和权力的再分配问题。然而，也就在这时，梁启超的态度又急转直下，由"南北均势论"一变而为北洋统一论。本来，梁启超希望借护国之役，依靠蔡锷的军事力量在西南地区牢固地占据一块地盘，为进步党建立一个进行改良的实验基地。然而，经过护国战争近半年的军事实践，梁启超终于明白，蔡锷无力统一西南，西南各省军阀之间，各省军阀内部，都是矛盾重重，混斗不休。以他为首的进步党根本不可能在西南开拓出一个新的局面来。他环顾宇内，真正与进步党接近的政治势力还是袁世凯留下的北洋军阀及其代表人物段祺瑞。所以，袁世凯一死，梁启超就急剧地向北洋军阀回归，将段祺瑞视为中国秩序的救主。袁世凯死去的第二天，已经回到上海的梁启超立即致电段祺瑞，对他寄予厚望："扶危定倾，惟公之责。愿当机立断，宏济艰难。……愿公护法奉国，尽瘁荷艰，早奠邦基。"同日，他又致电冯国璋和各都督司令，力主黎元洪继任总统，并劝说他们拥护段祺瑞的统一："收拾北方，惟段是赖。南方似宜力予援助，毋使势孤。更不可怀彼我成见，致生恶感。即对袁似不妨表相当之哀悼，以示洪量而揽同情。国家存亡，间不容发，愿共敬慎，宏济时艰。"还是在同一天，黎元洪代理大总统的消息传出，梁启超立即致电祝贺，提出恢复约法、召开国会和由段祺瑞任内阁总理。6月11日，他在《致各都督各总司令电》中，提出了南方五省的和谈条件：一，恢复约法；二，召集国会；三，惩办祸首；四，南省北军撤还；五，废除将军、巡按，恢复都督、民政长；六，双方要人在南京或武昌召开善后会议，直接晤商。这些条件，除惩办祸首、北军撤还外，不过是要求恢复民国元年的革命成果，要价并不高。然而，就是这些微不足道的条件，以段祺瑞为首的北洋军阀还不答应。因为他继承的是袁世凯的衣钵，对南方提出的恢复辛亥革命成果的要求严加拒绝。南方要求恢复民国元年约法，他主张恢复袁世凯独裁专制的民国三年约法；南方要求北军撤回，他非但不撤回，还在南方内部分化离间，制造矛盾。梁启超为了尽快实现南北方都能接受的"体面和平"，一面联络冯国璋、黎元洪，要他们在北洋军阀内部牵制段祺瑞，使之考虑南方的条件；一面劝说南方各实力派人物，希望他们不要要价太高，只要保住面子和地盘，就不妨归附到段祺瑞的统一局面之中。

就在南北双方接近达成一致的时候，6月25日，发生了中华革命党人策动的海军独立，海军司令李鼎新以独立名义第一次举起了护法的旗帜。这对热衷统一的段祺瑞和梁启超都是突如其来的重大打击。气急败坏的段祺瑞以宣布辞去总理职务相要挟，梁启超则要求南方各省迅速向段祺瑞妥协。6月28日，他主张取消南方各省的统一协调机构军务院；30日，致电南方各省，为段祺瑞大吹法螺，"维持危局，非彼莫属"，要求他们屈从段祺瑞，迅速实现南北统一。尽管中华革命党为代表的革命派对梁的行为大加谴责，但他这时已经顾不得南方的利益和面子，不经南方各省的同意，即于7月7日宣布解散军务院。7月15日，经过他的说项折冲，南方各省总算同意解散军务院，实现了梁启超追求的"南北统一"。

历时半年多的护国之役结束了，它的最大成果是打掉了袁世凯的洪宪帝制，但并没有改变北洋军阀独裁专制的格局，而即将出现的军阀割据混战也是由它诱导而出的。

梁启超是护国战争的重要人物之一。由于他事前的策划和组织，由于他有着广泛的联系和影响，更由于他在舆论上的力量，因而在促成护国战争的发动和发展上起了较大的作用。他是云南、贵州、广西、广东等省区独立的主要策动者，是两广都司令部和军务院的重要组织者。护国战争的历史无疑应该记载他的功绩。但是，在袁世凯死后，他急不可耐地靠拢段祺瑞为代表的北洋军阀，千方百计地劝诱参加护国运动的各派力量对段祺瑞妥协，又擅自宣布解散两广都司令部和军务院，致使护国战争的成果几乎化为乌有，其消极作用也是异常明显的。而护国战争之所以没有形成民主革命的主流，当然主要是当时中国所处的国际国内形势决定的，但梁启超为首的改良派操纵其间也是重要原因。

四、对袁世凯的揭露与抨击

梁启超是中国近代最有影响的"舆论界骄子"之一，在其身后，留下了一大批脍炙人口的名文。即使在军书繁重的护国战争中，他也写下了不少传诵一时的好文章。除了上面提到的《异哉所谓国体问题者》《上大总统书》以及代护国军将领们起草的文告、通电外，还有一些久负盛名的篇章，尤其是几篇揭露和抨击袁世凯帝制阴谋的文章，影响更大，为他赢得了很多读者。

1916 年 3 月，梁启超到达广西并与陆荣廷联衔发出反袁通电以后，特别写了一篇《军中敬告国人》的文章，为自己从附袁到反袁的转变进行剖白和洗刷。文章值得一读的地方不在于对自己以往行为的忏悔，而是对袁世凯入骨三分的揭露和抨击：

夫处今日文明竞进之世，而行中古权谲残刻之政，外袭众建之名，内蹈专欲之实。黜全国之智，箝全国之力，涸全国之资财，摧全国之廉耻，而以资一时便安之计，成一姓篡窃之谋。生于其心，害于其政，取子毁室，率兽食人。循此迁流，更阅年载，则人道且将灭绝于中国，而中国更何自由存于世界者？（《合集·专集之三十三》）

这篇文章发表不久，袁世凯及其党徒们伪造民意推戴袁做皇帝的电文，被独立省区影印公布出来。而这些电文，是袁世凯及其党徒们也认为"有乖史乘"、见不得天日、电示各地烧掉的。这种触目惊心的伪造民意内幕的披露，给中国人民提供了认识袁世凯之类独裁者本质的好教材。在汇集影印出版的时候，梁启超写了《袁政府伪造民意密电书后》一文，对袁世凯进行了无情的揶揄和嘲讽。文字精湛，气势非凡，是一篇不可多得的好文章。对当年袁世凯及其党徒们吹得天花乱坠的"民意""推戴"之类，梁启超揭露说：

自国体问题发生以来，所谓讨论者，皆袁氏自讨自论。所谓赞成者，皆袁氏自赞自成。所谓请愿者，皆袁氏自请自愿。所谓表决者，皆袁氏自表自决。所谓推戴者，皆袁氏自推自戴。

今日真相大白于天下，全国人民应该大开眼界了吧：

袁氏及其党人，纵有万手，当莫能捄。纵有万喙，当莫能赖。则请我全国父老昆弟乃至普天下万国含生负气之类，试一张目以视，一闭目以思，此果何等妖孽，何等罪业。而乃容其横行于光天化日之下而莫或过问也。

在摘引了部分函电以后，梁启超以其极富形象的文字，描绘出一幅生动传神、惟妙惟肖的洪宪皇帝出生图：

质而言之，此次皇帝之出产，不外右手挟利刃，左手持金钱，啸聚国中最下贱无耻之少数人，如演傀儡戏者然。由一人在幕内牵线，而其左右十数傀人蠕蠕而动。此十数傀人者复牵第二线，而各省长官乃至参政院蠕蠕而动。彼长官等复牵第三线，而千七百余不识廉耻之辈冒称国民代表者蠕蠕而动。其丑态秽声播于社会者，何啻乎百万事！

接着，梁启超检点袁世凯的历史，列举大量材料证明他是一个反复无常、卑劣无耻的伪君子，一个阴毒奸诈、凶狠残暴的窃国大盗：

袁氏一生，其言与行，无一不相违，其心与口，无一而相应。彼袁氏盖天下古今第一爱说谎且善说谎之人也。……今乃专用鼠窃伎俩，昼伏夜动。东偷一盂，西偷一钵。以前清托孤之大臣而盗卖前清，以民国服务之公仆而盗窃民国。既假借外人（古德诺）言论以劫持吾民，复冒用吾民名义欺罔列国。不自量而贸然尝试，一遇挫折则觋然乞怜。以总统为未足，则觊觎皇帝。若皇帝做不成，则又谋保总统。险诈反复，卑劣无耻，一至此极。……袁氏自身原不知人之所以异于禽兽者何在。以为一切人类通性，惟见白刃则战栗，见黄金则膜拜。吾挟此二物以临天下，夫何求而不得者。四年以来，北京政府何尝有所谓政治，惟有此二物之魂影，纵横披猖，盘旋熏灼于人人心目中而已。

《袁政府伪造民意密电书后》发表后，梁启超意犹未尽，接着又写了《袁世凯之解剖》，可算前文的姊妹篇，进一步对袁世凯进行理论解析，其中说：

袁氏诚不失一大人物，然只能谓之中世史黑暗时代东方式之怪魔的人物，而决非在十九、二十世纪中有价值的人物。彼善能制造混浊腐败之空气，而自游泳于此空气中，独擅绝技。譬诸瓮中醢鸡，彼以最能吸取酵质以自荣养故，故循适者生存优者获胜之公例，倮然称雄长于瓮中。（《合集·专集之三十四》）

梁启超认定，袁世凯之所以不能适应现代潮流而一败涂地，遗臭万年，是因为他有着难以克服的七大缺点。"袁氏之第一大缺点，则其头脑与今世之国家观念，绝对不相容也"。即不能学习欧美日本，建设现代资产阶级的立宪政治制度，而是坚持独裁专制。"袁氏之第二大缺点，则在骄慢自大，不能容人之言"。即不能"礼贤下士"，听从梁启超等人椎心泣血的规劝，因而一误再误，不可收拾。第三大缺点是遇事应付，得过且过，全无长远计划。第四大缺点是法制观念薄弱，自己口出之言就算法律，而自己却不受任何法律的约束。第五大缺点是事无大小，必欲躬亲，不能依照法律垂裳而治，放手让各级官吏依法办事。第六大缺点是绝对不用正人君子及才能卓异之士，而是任人唯亲，专用私党，排除异己，如对"第一流人才和第一流经验内阁"的排斥与打击。第七大缺点是万事不负责任，推诿拖拉，行政效率低下。由此，梁启超得出结论，袁世凯是当时中国所能找到的最坏的一个统治者：

袁氏非惟不能使中国进步而已，而绝对地不能维持中国之现状。中国祸乱种子，全由袁氏所播。袁氏多统治一日，则祸乱之程度加深一日。……何人能与袁氏代兴吾不敢言，其人能否优于袁氏吾不必言。但无论何人，必不至更劣于袁氏，则吾敢断言。盖国中任举一极恶之人，其恶却不能有加于袁氏。故无论若何不适于统治中国，其不适之程度，

亦决不能有加于袁氏也。（《合集·专集之三十四》）

　　显然，由于梁启超有着十余年与袁世凯打交道的经验，又有一段时间生活在袁世凯的幕中，对这个当时大地主大资产阶级的代表人物的品格是十分熟悉的。所以信笔写来，往往击中要害，矢矢中的，读后令人拍案叫绝。但是也应该指出，他对袁世凯的批判也有着明显的局限。他的批判仅仅是针对袁世凯个人，却并不反对袁世凯所代表的阶级和制度。他不了解，正是中国半殖民地半封建的社会制度孕育了袁世凯式的怪魔人物。袁世凯的品格，正是中国近代大地主大资产阶级品格的个性化表现。当梁启超把帝制活动的一切罪恶统统推给袁世凯的时候，他恰恰不是贬低了这个历史人物，而是夸大了这个人物反动的历史作用，表现了十足的英雄史观。梁启超更不了解，只要中国半殖民地半封建的社会政治经济制度不改变，具有浓重帝王专制情结的中国文化传统不被扬弃，袁世凯式的独裁专制魔王就会一再产生出来。仅仅去掉一个袁世凯，并不能杜绝产生袁世凯的土壤。

第五章

反对张勋复辟

从进步党到研究系

宣统复辟与"马厂誓师"

短命的财政总长

一、从进步党到研究系

袁世凯死后，南北和谈几经折冲。段祺瑞在内外压力下，终于同意了南方提出的恢复民国元年约法的条件。1916年7月14日，南方军务院解散。8月1日，国会在北京开会。南北又算在形式上实现了统一。在黎元洪任命的以段祺瑞为国务总理的新内阁中，既有段祺瑞的私党，也有进步党的成员，又有国民党温和派的代表，是一个调和各方面关系的混合内阁，在表面上给人以国内协和的印象。8月10日，梁启超在上海对记者发表谈话，很为这个内阁捧场。他说："现阁员中新进有为之人物什居七八，与老成持重之段总理相提挈，实国家前途之庆事。深望其早经同意为完全合法之内阁，庶一切政务之进行益有力也。"（《合集·文集之三十三》）但是，国会中的矛盾并不会因梁启超的捧场而消失。恢复后的国会，依然主要由进步党和国民党混合组成。此时，国民党已经转化为宪政商榷会，其中包括政学会、益友社、政余俱乐部和民友社四个小党。进步党转化为宪法研究会，又称研究系。国会开会时，梁启超虽远在上海，但作为研究系的首领，仍然对研究系议员的活动进行悉心指导。在国会中，研究系和宪政商榷会右翼的议员，都拥护段祺瑞，实际上成为段祺瑞的御用工具。宪政商榷会的左翼则反段而拥护黎元洪。在国会外，1916年6月，张勋在徐州召开了有各省区督军和其他代表参加的会议，成立了以他为盟主的"省区联合组织"，即督军团。它后来成为段祺瑞在政治上打击反对派的工具。这样，在国会内外，在国会与督军团之间，在宪政商榷会与研究系之间，在总统和总理的府院之间，都交织着异常复杂而尖锐的矛盾。由此演化出许多光怪陆离的斗争，使政潮此起彼伏，北洋政府一直处于动荡之中。

国会的斗争，特别突出的表现在两个问题上。

一度担任民国总统的徐世昌

　　一是修改宪法问题。梁启超在 8 月 16 日与记者的谈话中，提出了研究系修改宪法的意见。要点是，改两院制为一院制，宪法不规定省宪，省长不民选，国会和省议会对省长有弹劾之权。其要害是维护段祺瑞为首的北洋系的独裁专制。与之相反，宪政商榷会左翼则主张国会实行两院制，宪法规定省制大纲，省长民选。其要害在于维护国民党人在西南地区的半独立地位，防止北洋系的过分集权。从 9 月到 12 月，双方在制宪问题上各持己见，争论不休，最后发生了传笑一时的国会斗殴案。事后，研究系通电各省督军，攻击敌党议员从而启督军团干宪之端。宪政商榷会也不甘示弱，立即通电全国，向人民说明实情，以回击研究系。与此相联系，总统黎元洪和总理段祺瑞之间的权力之争也愈演愈烈，势成水火。12 月，段祺瑞唆使督军团通电恐吓国会和黎元洪，要求国会和黎元洪乖乖地听他们摆布。然而，在宪法问题的斗争中，段祺瑞和研究系并没有取得预期的胜利。在 1917 年 1 月的宪法二读会中，研究系的大部分主张都没有写进去。相反，宪政商榷会的不少主张却在其中得到了体现。

1917 年 1 月 5 日，梁启超由上海抵北京，中途经徐州，即与张勋会晤。在此之前，他已经与张勋拉上关系，函电交驰，来往频繁，千方百计地争取张勋的支持。抵京后，他又派张君劢到徐州见张勋，策划与国会内的研究系内外配合。梁启超在致张勋的一封信中说："惟鞭策救济之功，终须随时仰仗疆吏。"这时的梁启超已经不满足于做研究系的首领，还想充当段祺瑞的"幕后军师"。此时，他与台上的段祺瑞一唱一和，此呼彼应，进一步加剧了国会内部和黎、段之间的矛盾。

二是对德参战案问题。1916 年，段祺瑞为了取得日本帝国主义的支持，就主张对德绝交。但当时的国内舆论，大都主张中国在参与第一次世界大战的两大帝国主义阵营之外保持中立。黎元洪、冯国璋和国会中的宪政商榷会左翼也基本持此立场。两年前预言德国必胜的梁启超，这时来了个一百八十度的大转弯，变成了积极的对德宣战派。促其变化的原因有二。一是因为到 1917 年初，德国失败的迹象逐步暴露出来，他很想借此时机使中国在外交上获得一次廉价的胜利，藉此振奋一下士气民心。二是因为此时他已经与段祺瑞站到一起，必须以段的马首是瞻。在段、梁的操纵和挟持下，国会终于在 1917 年 3 月 10 日通过了对德绝交案。此事传出，舆论大哗，朝野上下形成强大的反对对德参战的舆论。孙中山通电主张中立。3 月 27 日，伍廷芳致信梁启超，警告他说，"国中人心汹汹，皆反对此事，而集矢于兄一人之身"，"内乱之生，即在目前。岂能战德，直自战而已"。（《年谱·一九一七年》）黎元洪认为对德问题只需做到绝交为止，不能宣战。段祺瑞于是邀同梁启超、徐世昌、王士珍等一起围攻黎元洪。当黎元洪拿舆论不赞成参战对付他们时，梁启超声色俱厉地说："舆论？什么舆论！我就是舆论界中一人，但我就是坚决主张参战的。"（陶菊隐：《北洋军阀统治史话》第三册，第 104 页）但黎元洪不为所动，坚决拒绝对德宣战。研究系在宪法问题上的失败和在参战问题上受到舆论界的抨击之后，就想借督军团的力量打击国会中的反对派和压服反对参战的舆论。此点与段祺瑞一拍即合。于是1917年4月，在段召开的北京督军团会议上，对德宣战的声音此起彼伏。5月，督军团组织的"公民团"包围国会，强迫议员通过对德参战案。议员们坚决不买账，参战案被否决。段、梁气急败坏，进而逼迫黎元洪解散国会。黎以约法无总统解散国会之权，严加拒绝。此时，对段祺瑞的专横跋扈不满的宪政商榷会阁员相继辞职，使国务院只剩下段祺瑞形单影只地在那里唱独角戏。国会就按照约法通过了对段的不信任案。5月23日，黎元洪在国会的支持下干脆免去了段的国务总理。段自然不甘示弱，立即通电煽动督军团反对黎元洪。5月29日，由安徽督军倪嗣冲带头，八个省区接连宣布了对北京政府的"独立"。紧接着，"十三省区联合会"又致电黎元洪，逼他自动退位。在梁启超的指使下，国会中的大部分研究系议员相继辞职离京。汤化龙也辞去议长，以拆国会的台，向黎施加压力。这时的黎元洪守着北京一座孤城，政令出不了总统府。他急得犹如热锅上的蚂蚁，只能病急乱投医。他先是请北洋派元老徐世昌调停，徐提出的调停条件是解散国会。他接着低三下四地电请蛰居天津的梁启超调停，梁以"退处海滨，与世暂绝"回答。他最后只得电请张勋入京调停。张勋带兵到天津后，同样提出了以解散国会为调停条件。至此，黎元洪已经被逼向死角。为了保住总统位子，他只得完全屈服，于6月3日发布了解散国会的命令。6月14日，张勋率领五千辫子军杀气腾腾地开进北京。6月28日，剃去胡须的康有为也幽灵似地秘密潜至他阔别20年的京都。黎元洪怎么也没有想到，他鹄立恭候的张大帅并不是为了确保他的总统位子而进京，而是为了彻底铲除共和制度而复辟。在康有为和张勋这所谓"文、武二圣"的导演下，民国史上最丑恶的一幕——宣统复辟的闹剧堂而皇之地登场了。

二、宣统复辟与"马厂誓师"

张勋是中国近代一个极其反动、顽固而又愚蠢的军阀和复辟狂。他出身盗匪，粗野凶悍。中法战争时投到潘鼎新名下当兵，以后又在苏元春、宋庆手下任职。中日甲午之役，他因在辽东连吃败仗而被革职。后来，他投到袁世凯名下，成为袁世凯小站练兵时的一名军官。1898年，他曾作为袁世凯的急先锋率兵到山东镇压义和团运动。1901年，在八国联军攻陷北京时逃到西安的慈禧太后和光绪皇帝回銮时，他奉命去磁州护驾，因贿赂奕劻得到清廷当权者的青睐，几年之内，连升总兵、提督。1910年辛亥革命前夕，他被任命为举足轻重的江南提督，驻扎南京。辛亥革命时，他率军固守南京，拒不向革命军投降，几乎被革命军俘虏，后因美国领事的干涉，得以保全性命，率领残兵败将狼狈逃到徐州。之后，他招兵买马，盘踞苏鲁皖交界地区，横征暴敛，无恶不作，成为百姓切齿的凶暴军阀。民国成立以后，他为了表示不忘前清，命令全军保留辫子。由此他的军队被称为"辫子军"，他也就成了"辫帅"。1913年袁世凯"二次革命"时，他的军队奉命攻下南京后，奸淫掳掠，无所不为。他在南京，不挂民国的五色旗，而挂前清的龙旗。他进驻清朝的原两江总督衙门，一天三时放炮，行跪拜大礼，出门乘八人抬的绿呢大轿，一切都是前清两江总督的排场，以致当时的一些外国报纸对此作奇闻报道。不久，他勾搭上康有为，两人以"文武二圣"互相标榜，终日在阴暗的角落里策划复辟前清的阴谋。1916年，袁世凯因搞洪宪帝制而垮台。张勋为首的一小撮复辟派非但不接受教训，反而更加速了复辟的策划。他们荒谬地认为袁的失败是因为他背叛了前清。他们甚至异想天开地认为，只要他们抬出清废帝溥仪振臂一呼，立即就会云集响应，不几天全国就会龙旗招展，传檄而定。1916年6月，张勋在徐州召开督军团会议时，就公开鼓吹复辟，并胁迫参加会议的督军省长们签名认同。这之后，张勋更时刻想把复辟的希望变成复辟的行动。恰在此时，黎元洪电召他进京调停政潮。张勋将此看作复辟的天赐良机，因而慨然允诺，带兵北上。路过天津时，张勋会见段祺瑞，段暗示他，只要能解散国会、驱逐黎元洪，他做什么都可以。听了段的话，张勋暗自窃喜，认为这是段支持复辟的表示，于是决心从速发动复辟。

此时的张勋满以为，他既有十三省联区会议（督军团）的签名赞同，又有段祺瑞的暗中默许，在不损害各地方军阀实际利益的前提下，扶清废帝复辟，搞搞君主立宪的老花样，又有什么人会来作梗呢？然而，张勋的如意算盘却是完全打错了。在他自以为欺骗黎元洪成功的时候，却并不知道自己已经完全坠入了段祺瑞精心布置的陷阱中。段祺瑞和梁启超此时正愁无法解散国会和驱逐黎元洪，恰巧张勋自愿出来扮演这个恶人，为他们完成这一任务，他们也就乐得利用张勋作为自己重返北京政坛的工具，而一旦此目的实现，也就毫不犹豫地回头烹吃他。

张勋进京后，与康有为一起，纠合几个前清遗老，经过半个月的准备、部署，于6月30日夜将溥仪请至养心殿，扶上龙座，叩头称臣，三呼万岁；第二天就发布了一系列复辟的伪令，揭开了中国近代史上宣统复辟的丑剧。段祺瑞和梁启超见张勋已入彀中，立即于7月3日发出了由梁启超起草的以段祺瑞名义发布的反复辟通电。7月5日，段祺瑞和梁启超匆匆地赶往马厂李长泰的第八师司令部，举行反复辟的"誓师大会"。段祺瑞就任自封的"讨逆军总司令"，调动军队向北京进发，对张勋大加挞伐了。请看梁启超为段祺瑞起草的这份通电说了些什么吧：

> 天祸中国，变乱相寻。张勋怀抱野心，假调停时局为名，阻兵京国。至昨夜遂有推翻国体之奇变。窃惟国体虽无极端之美恶，然既定后，而屡图变置，其害之于国家者，实不可胜言。况以今日民智日开民气日昌

之世，而欲以一姓威严，驯服亿兆尤为事理所万不能致。民国肇造，前清明察世界大势，推诚逊让。民怀旧德，优待条件，勒为成宪。使永避政治上之怨府，而长保名义上之尊荣。宗庙享之，子孙保之。历观有史以来，二十余姓帝王之结局，其安善未有能逮前清者也。今张勋以个人权位欲望之私，悍然犯大不韪以倡此逆谋。若曰为国家耶？夫安有君主专制之政，而尚能生存于今日之世者？其必酿成四海鼎沸，盖可断言。而各友邦之承认民国，于兹五年。今覆雨翻云，我国人虽不惜以国为戏，在友邦岂能与吾同戏者？内部纷争之局，势非召外人干涉不止，国运真从兹斩矣。若曰为清室耶？清帝冲龄高拱，绝无利天下之心。前保傅大臣，方日以居高履危为大戒。今兹之举，出于逼胁，天下共闻。历考史乘，自古安有不亡之朝代。前清得以优待终古，既为旷古所无，岂可更置诸岩墙，使其为再度之倾覆，以至于尽。祺瑞罢斥以来，本不敢与闻国事。惟既已久服劳于民国，不能坐视民国之颠覆分裂而不一援。且亦曾受恩于前朝，更不忍听前朝为匪人所利用，以陷于自灭。情义所在，守死不渝。诸公皆国之干城，各膺重寄。际兹奇变，义愤当同。为国家计，自必矢有死无贰之诚。为清室计，当久明爱人以德之义。伏望戮力同心，戡兹大难。（《合集·专集之三十五》）

同一天，梁启超也发表了他署名的《反复辟电》，以表明自己的立场。这是因为他自己曾是著名的保皇党领袖，而他的老师康有为又是张勋的重要谋主，且已经就任了弼德院副院长之职。他必须发一个反复辟的通电，才能打消众多人士对他的怀疑。不惟如此，梁启超还可以借此机会，把酿成复辟的原因推给反对派，推给国会中的所谓党争，以便为以后他们彻底改造国会埋下伏线。梁启超在电文中，除了力言复辟不合时宜、复辟必然失败之外，再就是强调复辟的责任："此次首造逆谋之人，非贪黩无厌之武夫，即大言不惭之书生。于政局甘苦，毫无所知。"这就把责任一下子推给了张勋和康有为，而把清室洗刷得干干净净。接着，他笔锋一转，把攻击的矛头指向了宪政商榷会的议员：

> 一年以来，党派主奴之见，其诡谲变幻，出人意表。启超深痛极恸，向两方要人苦口忠告，劝其各自觉悟，勿驰极端，以生反动。在吾则既竭吾才声嘶力尽，曾不蒙省察。而急进派之策士，惟日从事于挑拨搆煽，引甲抵乙，谓可以操纵利用，以遂其排挤之私，而结果乃造成今日之局。……启超前此曲突徙薪之论，适以供若曹含沙喋血之资。亦既痛愤积中，誓将缄结终古。今睹濒覆之巢，复吐在喉之鲠。知我罪我，固所不辞。来轸往车，愿质明哲。（《合集·专集之三十五》）

在这两份电报中，段祺瑞和梁启超一起将复辟的责任推给了张勋和康有为；而对时刻梦想复辟的清室，则千方百计地予以开脱。他们虽然对共和民主没有多少感情，但理智告诉自己，复辟帝制是绝对不会成功的。段祺瑞和梁启超指挥的反复辟的军事行动尽管没有多少民主革命的意义，但却反映了历史潮流的不可阻挡。在辛亥革命之后，无论何人在中国复辟帝制都是注定要失败的。

张勋的复辟，得到了一小撮清室王孙公子和遗老遗少等复辟狂的欢呼。一时间，北京城内龙旗招展，辫子满街，一片乌烟瘴气。然而，他们的黄粱美梦仅仅做了二十多天就彻底破灭了。张勋的5000辫子军很快被李长泰、冯玉祥直接指挥的"讨逆军"打得落花流水。全国舆论，一致声讨。那些昔日签名赞同复辟的北洋系督军省长们，此时不仅都食言而肥，而且转脸对他们不可一世的盟主发出了连珠炮般的义正言辞的讨伐通电。在四面楚歌声中，张勋逃往荷兰使馆，康有为逃往美国使馆，其余附逆者更是狼奔鼠窜，四散奔逃。伟大的中国文学家鲁迅，曾在他的小说《风波》中，用精湛、生动和幽默的文字描绘了这次事变在远离北京的农村的影响：不过是使那位遗老臭味十足的赵七爷可以把终日盘在头顶的辫子取下来，在人们面前大摇大摆地甩上几天罢了。

7月14日，段祺瑞和梁启超以"再造共和"英雄的凯旋姿态，意气昂扬地回到北京，重新掌握了北洋政府的权柄。此后，段祺瑞进一步把北京政府视为自己的禁脔。他一面装腔作势地任命几个北洋系的将领为各路讨逆军司令，一面命令南方非北洋系的讨逆军"驻防待命"。他一厢情愿地希图乘幸胜的余威，重温袁世凯武力统一的美梦，将全中国再次置于北洋军阀的统治之下。然而，他事与愿违。此后的中国，虽然罩在共和制度的天幕下，但是，勾心斗角的政潮日益增多，军阀之间的混战更加频繁。中国的近代史一时还难以走出黎明前的黑暗。

在北洋政府统治时期，7月5日被定为"马厂誓师，再造共和"的纪念日。尽管这个事件民主革命的意义严重不足，但总算是一件保卫共和的行动。梁启超积极参与了这次活动，无疑顺应了历史潮流。

三、短命的财政总长

复辟事件发生后，黎元洪坚决不屈从张勋，拒绝参与复辟行动，悄悄躲到外国使馆避难；同时致电冯国璋，授权他代理总统职位。7月5日段祺瑞在"马厂誓师"时，宣布自己再任总理。7月7日，冯国璋在南京宣誓就任代理大总统，电邀各地要人到南京组织政府。但是，段祺瑞决不愿意跑到冯国璋的老巢去组织什么政府，他要组织的是自己能够任意支配的政府。7月8日，他在天津设立国务院临时办事处，梁启超为首的研究系和曹汝霖为首的新交通系人马，组成了他手下的办事班子。14日，他回到北京，17日就发布了新内阁的任命，组成了段派官僚、研究系和新交通系的混合内阁。研究系在九名阁员中占了六席，梁启超也得到了他梦寐以求的财政总长的位子，并且兼上了盐务督办。此时的梁启超真是意气昂扬，踌躇满志，头脑中展现出来的是一幅改良中国政治的神异图画：依靠段祺瑞从袁世凯手中继承下来的北洋系的武力，利用研究系的人才，以实现自己十数年来追求的宪政理想。在财政上，他制定了银行条例，希望借缓付庚子赔款和日本的币制借款，对中国的货币制度进行彻底的改革，庶几使中国走上发展资本主义的坦途。然而，在当时的历史条件下，他的改良主义理想不啻梦呓。当严酷的现实惊醒他的好梦时，他不得不痛苦地承认，自己只不过是一个现代的卢生。

前面提到，还在复辟之役前，段祺瑞和梁启超就是坚决主张对德宣战的。复辟之前，虽然国会通过了对德绝交案，但对德宣战案却一直没有通过。这次他们重掌政柄后，于1917年8月14日公布了梁启超起草的对德宣战的文告。然而，这一举措对于中国毫无积极意义。因为对德宣战本身不过是段祺瑞和日本政府的一桩肮脏交易。日本以借款和军械支持段祺瑞，段政府则以出卖中国巨大的民族权益做酬答。1917年8月28日，梁启超代表北京政府与日本签订了一千万日元的第一批"善后大借款"。10月21日，他又和曹汝霖代表北京政府与日本签订了四百五十多万日元的吉长铁路借款。段祺瑞就利用日款和日械大力训练他的"参战军"，以作为他日后在国内称王称霸的资本。其实，对于外战，他压根就没放在心上。所以，对德宣战令虽然下达，但北洋政府除了派出10万华工到欧洲战场服军事劳役外，段的"参战军"却没有一兵一卒直接参加对德作战。相反，在国内，段祺瑞对西南拒绝归附他的地方实力派进行军事征伐的规模却越来越大。当时人们对段祺瑞的反动行径作了一个极其恰切的评论："对外宣而不战，对内战而不宣。"对于段祺瑞坚持的这种卖国、专制、内战三位一体的反动政策，梁启超是始终支持的。1917 年 12 月，段、梁虽然联翩下野，但段祺瑞仍然死死地抓住军权不放，以"参战督办"的名义继续扩军备战。12 月 22 日，梁启超还致信段祺瑞，劝他向美、法借款，"公自直接练数师，非惟对外威信，恃此而立，即国内纠纷，亦可有解决之方。公若能鼓起兴会，以任此事，国家前途实利赖之"。（中国社会科学院近代史所藏《梁启超书信》）显然，直到这时候，梁启超仍然将中国统一和秩序的希望寄托在段祺瑞身上。

段祺瑞和梁启超尽管在对德宣战问题上达到了目的，但在改造国会的问题上却遇到了麻烦。辛亥革命后的国会虽然逐步沦为北洋军阀专制独裁的装饰品，然而，由于它本身是革命的产物，因而在一定意义上还是资产阶级革命的象征，并且在特定时期和特定问题上还会给独裁者带来一些麻烦。所以独裁者们如袁世凯和段祺瑞之流，对国会就采取利用、限制和解散的多种政策。1914 年，袁世凯第一次违反约法解散了国会。袁世凯死后两个月，即 1916 年 8 月，国会又重新恢复。但仅仅 10 个月后，黎元洪又在段派官僚、研究系政客和张勋武力的逼迫下第二次解散了国会。段祺瑞和梁启超在其反复辟的通电中虽然指天誓日地高喊保卫民主共和，可是，当他们重返京师、再掌政柄时，却根本不打算恢复国会。因为旧国会在不少事情上对他们掣肘，所以他们决定借机对旧国会动点手术，加以改造。梁启超以法理为根据，咬定中华民国已经被张勋的复辟"灭亡"了，现在的中华民国是段祺瑞和梁启超在马厂誓师"再造"出来的。因此，应该仿照辛亥革命时的前例，首先召集临时参议院，重定国会组织法和选举法，再行召集新国会。他们企图用这种办法，造出一个为自己服务的新国会。梁启超再造新国会的说辞，引起了南方各省的反对。许多站在南方和商榷会立场上的人士，对梁启超制造的"法理"痛加抨击，搞得段、梁穷于应付。还在复辟发生时，南方国民党领袖和各督军省长就发表通电，主张恢复旧国会和黎元洪继续担任总统。张勋复辟失败后，在国会和总统问题上，南北双方各执一词，争论不休。1917 年 7 月 20 日，孙中山发表宣言，邀请议员南下，以便在广州组织政府。第二天，倾向孙中山的海军总长程璧光和第一舰队司令林葆怿，发出护法宣言，从上海率海军南下广州，正式揭开了护法战争的一幕。9 月 1 日，云、贵、两广四省宣告组成以孙中山为大元帅的护法军政府。南北两个政权的公开对立和战争，从此便日甚一日地进行下去。

面对南方毫不妥协的抗争，段祺瑞决定不顾一切地实施武力统一政策。1917 年 7 月下旬，他命令两师北洋军进入湖南。8 月初，他又任命其亲信傅良佐为湖南督军，挥军进攻湘南，力图打通对南方数省用兵的道路。与此同时，他还命自己的亲家吴光新做四川督军，以便把四川也纳入北洋军阀的势力范围。但是，在湖南和四川两个战场上，北洋军都遭到惨败。11 月，湘军和桂军联合反攻，一举拿下长沙。进驻重庆的吴光新军，被熊克武的川军全部消灭，仅吴一人逃脱。与此同时，北洋军阀中直、皖两系的矛盾也逐渐显露和激化。以冯国璋为首的直系军阀，不赞成段祺瑞的武力统一政策，主张对西南妥协。11 月 17 日，在冯的授意下，直系四个督军直隶曹锟、湖北王占元、江西陈光远、江苏李纯联名发出通电，主张和平解决与西南的争端。段祺瑞看到祸起萧墙，只得"引咎辞职"。梁启超看到台柱已倒，也只得跟着递上辞呈。过了三个月财政总长瘾的梁启超，只得把他雄心勃勃的财政改革计划装进皮包，恋恋不舍地离开财政部那古老的衙门，从此结束了自己的从政生涯。

梁启超任财政总长的三个月，是他从政史上最得意的时期，也是他的改良主义幻想最恣意驰骋的时期，但同时也是他坚持的改良主义道路彻底破产的时期。本来，改良就是革命的副产物，它在历史上的进步作用与革命的作用不可同日而语。在中国近代史上，资产阶级改良派的进步作用在戊戌变法中得到了最高体现，而戊戌政变即标志了它的破产。梁启超一伙改良清政府的结果，就是自己被宣布为国事犯，逋逃海外 13 年。此后，梁启超仍然坚持改良派的立场。辛亥革命前，尽管他的头上一直悬着清王朝的通缉令，可他一直无怨无悔地企图通过君主立宪改良清王朝，以便使之返老还童，再度青春。辛亥革命标志着他改造清王朝的破产。辛亥革命后，梁启超为首的进步党人依附袁世凯，又想对袁世凯政府进行改良，使之走上宪政轨道。然而，以他们为主组成的"第一流人才和第一流经验内阁"却在五个月后无疾而终。改良袁世凯的结果是"洪宪"帝制的出现和梁启超自己参加护国战争。袁世凯死后，梁启超为首的改良派又幻想通过改良段祺瑞进而改造中国。他寄予最大希望的是段祺瑞从袁世凯手中继承下来的那支北洋军队。但是，上台三个月他看到的是，北洋系的武力非但统一不了南方，连北方也统一不了。梁启超还想通过参加第一次世界大战的协约国一方，从东西方帝国主义那里找出路，但看到的却是内忧外患的日益交织和加深。改良段祺瑞的计划同样破产了。所以，到 1917 年 11 月他随段祺瑞去职时，三个月前上台时的那种兴高采烈的劲头已经消失得无影无踪。梁启超环顾国内，政潮此起彼伏，战火弥月连年，百姓痛不欲生；放眼世界，凌弱暴寡，弱肉强食，中国依然是国际帝国主义共同支配的半殖民地。他最后不得不承认，在当时的中国，他那套改良主义的迷梦，是根本无法实现的。1918 年 12 月，当他于上海放洋去欧洲游历的前夕，与他的改良派同人张东荪、黄溯初等"谈了一个通宵，着实将从前迷梦的政治活动忏悔一番。相约以后决然舍弃，要从思想界尽些微力"（《合集·专集之二十三》）。其时，在段祺瑞控制的北洋政府中，研究系的点缀品已经寥若晨星，它完全变成了段派官僚和新交通系共同活动的舞台了。梁启超在事实面前虽然不得不承认他们改良主义理想的破灭，但终其一生也没有突破改良主义的藩篱。

第六章

迷茫中求索

欧洲游历

还是乞灵宪政

参与"科玄论战"

回归传统文化

一、欧洲游历

1917 年底，以梁启超为首的研究系阁员，随着段祺瑞的辞职一起离开了北洋政府。梁启超从此结束了从政生涯，开始了最后十余年的学术研究和教育工作。

1918 年底，第一次世界大战结束。协约国决定在巴黎召开研究分赃的所谓和平会议。就在此时，研究系的名流们决定一起去欧洲游历。后来，梁启超写了《欧游心影录》一书，比较详细地记述了他这次游历的经过和感想。在谈到这次欧游的目的时，他说：

> 第一件是想自己求一点学问，而且看看这空前绝后的历史剧（指一次大战）怎样收场，拓一拓眼界。第二件也因为正在做正义人道的外交梦，以为这次和会，真是要把全世界不合理的国际关系根本改造，立个永久和平的基础。想拿私人资格将我们的冤苦，向世界舆论申诉申诉，也算尽一二分国民责任。（《合集·专集之二十三》）

这自然说出了部分实情。但根本原因在于，随着梁启超改良主义理想的一再破产，他在精神上不能不感到异常的痛苦和空虚。由于欧洲是资本主义文明的发祥地，他认为有必要到那里去寻找在中国感到迷惘的答案。

1918 年 12 月下旬，梁启超由北京经天津去上海与他的同行伙伴聚集。他们是蒋百里、刘子楷、丁文江、张君劢、徐振飞、杨鼎甫等。12 月 28 日，他们在上海登舟，开始了长达一年之久的欧洲游历的航程。途中，经香港、新加坡，穿越马六甲海峡，进入印度洋。在科伦坡稍事停留，轮船北驶，通过苏伊士运河进入地中海，穿过直布罗陀海峡进入大西洋，于1919年1月到达英国首都伦敦。在英国，他们列席国会下院旁听，四处参观访问。之后，去法国，旁观了正在进行的巴黎和会。参观了第一次世界大战的法德战场，凭吊了法德两军激烈鏖战过的凡尔登要塞。接着与蒋百里、刘子楷、杨鼎甫、徐巽言、王受卿一起巡游莱茵河左岸的土地，参观比利时首都布鲁塞尔。在游览了意大利名城都灵、米兰和首都罗马后，返回巴黎。11月再至英国，拜访了英国当时著名的唯心主义哲学家柏格森。1920年春天，由英国返回中国。之后，他除了写了《欧游心影录》外，还写了一些介绍欧洲政治、经济和思想文化情况的文章。《欧游心影录》记述了欧游沿途的自然风光，各地的风土人情，第一次世界大战中的硝烟还未散尽的战场，弹痕累累的工事，倒塌的楼房，焚毁的农舍，废弃的工厂，荒芜的田园等。它描述了战争给欧洲各国人民造成的巨大灾难，也记述和评论了战争给欧洲和世界带来的影响。

参观进行中的巴黎和会对梁启超等改良派人物是一次深刻的教育，促成了他们所谓"正义人道梦的破灭"。梁启超亲眼看到，在巴黎和会上，协约国帝国主义强盗们为了争夺战争的胜利果实，为了重新分割殖民地所进行的无耻吵闹和厮打；也感到喧嚣一时的所谓协约国的胜利是"公理战胜强权"的论调完全是帝国主义的欺骗宣传；认识到"强权即公理"的强盗逻辑倒是帝国主义实际上奉为金科玉律的不贰信条。梁启超将巴黎和会比作19世纪中叶由奥地利首相梅特涅一手策划的欧洲反动势力扼杀法国资产阶级革命的维也纳会议，是很有见地的评论。面对中国在巴黎和会上的外交失败，梁启超痛斥该会是帝国主义宰割弱小民族的强盗会议、分赃会议，表现了炽烈的爱国情怀。不过，由于改良派立场和方法的限制，梁启超对帝国主义的认识还显得肤浅、模糊和充满矛盾。如他对协约国为维护战后的帝国主义秩序而建立的国际联盟就抱有许多不切实际的幻想，说什么国联是"人类进化史上一件大事"，是"人类全体合同改造之唯一机能，而亦人类全体非久达之希望也"。他甚至鼓吹组织由国联统帅的军队来"维持世界和平"（《合集·专集之二十三》）。以后，他还不止一次地宣扬这种实际上是帝国主义制造的骗人舆论，还异想天开地建议让国联统帅中国军队以维持中国的和平与安宁。

在梁启超欧游期间，中国近代史正经历着伟大的转折。以巴黎和会上中国的外交失败为燃点，在北京爆发了震撼中国与世界的"五四"爱国运动。这次运动，是在十月革命的影响下，在具有初步共产主义思想的知识分子的领导下，中国人民所进行的彻底的不妥协的反对帝国主义和封建主义的革命运动。北京学生和市民高喊着"外争主权，内除国贼"的口号，向代表帝国主义和封建军阀的北京政府发起了猛烈冲击，运动很快波及全国。6月3日，上海工人掀起的声势浩大的罢工运动，标志着中国的无产阶级已经登上了历史舞台，中国近代史已经揭开了她绚丽多彩的崭新篇章。在全国汹涌澎湃的反帝反封建的革命浪潮的感召下，正在法国的梁启超写了《外交失败之原因与今后国民之觉悟》一文，猛烈攻击"日寇强梁"，痛斥"政府卖国"，展示了爱国主义的正义立场。但是，作为一个经历丰富的政治家和思想家，他对现实有着远比青年学生更冷峻的思考。他认为，由于中国国力屡弱，百事不如人，因而对于帝国主义欺负中国的强盗行径，就难以采取针锋相对，据理力争，宁为玉碎不为瓦全的斗争策略，而应该含羞忍辱，忍气吞声，暂时妥协，待将来条件具备时再去进行收回权利的斗争。这里既显示了梁启超"老诚谋国"的一面，也显示了他作为改良派的局限。他们自己深感力量不足，又看不到人民群众中蕴藏的巨大力量，所以面对帝国主义的嚣张气焰，就只能提出带有屈辱、妥协性质的斗争策略。

1918年至1919年，欧洲工人阶级在十月革命的影响下，掀起了无产阶级的革命高潮。德国、匈牙利等国都爆发了工人和士兵的武装起义，并且建立了短暂的无产阶级政权。社会主义和马克思主义在工人阶级和广大劳动人民中得到了广泛的传播。梁启超置身其中，自然也嗅到了社会主义的浓烈气息。因而，他情不自禁地说："社会革命，恐怕是二十世纪史唯一特色，没有一国能免，不过争早晚罢了。"但是，梁启超对社会主义的认识是相当肤浅的，他认为社会主义并不是一个崭新的制度，而是中国"古已有之"的东西。孔子讲的"均无贫和无寡"，孟子讲的"恒产恒心"，"就是这主义最精要的论据。"（《合集·专集之二十三》）他进而认为，当时中国的工业不发达，根本不存在阶级对立和劳资纠纷，因而也就不能实行社会主义。就梁启超认识到中国社会发展与欧洲的差距而言，就他认识到中国还不到实行社会主义革命的时机而言，应该承认他是高明的。但就他否认中国存在阶级对立和劳资纠纷而言，又显示了他改良派有色眼镜的局限。

本来，梁启超到欧洲游历，是带着一系列的问题到资本主义文明的故乡去寻求答案。但欧游归来，他得出的结论却是：欧洲的资本主义文明已经破产，只有用东方文明，即古老的中国文明和印度文明才能加以救治："现在我们所谓新思想，在欧洲多已成陈旧，被人驳得个落花流水。就算他果然很新，也不能说'新'便是'真'呀！……泰西思想界，现在依然是浑沌过渡时代，他们正在那里横冲直撞，寻觅曙光。许多先觉之士，正想把中国、印度文明输入。"（《合集·专集之二十三》）他坚定地认为，真正能够救中国的还是中国自己的传统文化，所以今后救中国的唯一办法，就是"人人存一个尊重爱护本国文化的诚意"，在复兴"先秦诸哲、汉唐诸师"的活动中，"跟着三圣（孔、老、墨）"前进。这表明，曾经热衷于引进西学的梁启超已经发出了向中国传统文化回归的信号。而这种倾向几乎是梁启超前后那一辈中国先进知识分子，如严复、章太炎等人共同的思想轨迹。

二、还是乞灵宪政

1919 年 2 月，梁启超还在欧游途中。蔡元培、熊希龄、张謇等人在国内发起组织"国际联盟同志会"，推梁启超做理事长。4 月，张謇等人再发起组织"国民外交会"，推梁启超为代表。也就在此时，梁启超第三次发出了不再从事政治活动的宣言。这年 6 月 9 日，他在同英国哲学家柏格森长谈后，给弟弟梁启勋写了一封信，认为自己在思想上"必将起一绝大之革命"：

> 数月以来，晤种种性质差别之人，闻种种派别错综之论，睹种种利害冲突之事，炫以范象通神之图画雕刻，摩以迴肠荡气之诗歌音乐，环以恢诡葱郁之社会状态，饫以雄伟矫变之天然风景，……吾自觉吾之意境，日在酝酿发酵中，吾之灵府必将起一绝大之革命，唯革命产儿为何物，今尚在不可知之数耳。（中国社会科学院近代史所藏《梁启超书信》）

其实，欧游中的梁启超思想上的变化是有的，但还没有达到他自诩的"绝大之革命"，一直到死，他还是固守着改良派的立场。1919 年 9 月，欧游中的梁启超、蒋百里、张君劢、张东荪发起组织了改良派的一个学术团体"新学会"，决定创办《解放与改造》周刊，梁启超担任主编。在他起草的《解放与改造发刊词》中，提出了他们的 14 点主张，实际是改良派在新形势下的施政纲领。概括起来不外以下几点：一，制定宪法，实行立宪政治；二，严格中央地方分权，实现"联省自治"；三，发展资本主义经济，调和劳资矛盾；四，裁军节款，废除常备军，实行兵民合一，消除乱源；五，整理财政，既不借债，亦不放债；六，普及义务教育；七，实行自由的文化政策，既吸纳外来文化，又整理国故，弘扬传统文化。这个纲领，内容涉及政治、经济、军事、外交和思想文化教育等各个方面，反映了梁启超为首的改良派在中国实行民主政治和发展资本主义经济的良好愿望。但在帝国主义和封建买办势力统治下的中国，这种愿望是根本无法实现的。

1920 年春天梁启超归国后，与著名学者王国维、陈寅恪、赵元任一起，担任了清华大学国学研究院的导师并兼做南开大学等几所大学的教授，开始了他生命史上最后 10 年的辉煌。此时，他身居清华园宁静的书斋，面对努力攻读的莘莘学子，却没有忘情国家政治和社情民意。他是一只眼睛注视着书本、学生，从事教学和研究，一只眼睛注视着国内动荡的政治局势，急不可耐地设计一个又一个的疗救方案。其基本内容可以归结为两个方面，一个是市民运动，一个是立宪政治。自 1921 年起，梁启超就不断地鼓吹市民运动。他心目中的市民主要是指城乡的中等资产阶级，尤其是代表资产阶级的知识分子。他呼吁市民阶级行动起来，进行反对军阀、官僚的和平请愿运动。他认为这种和平请愿运动是市民救国的唯一方法。知识分子、青年学生有组织进行的反对军阀官僚的政治斗争，当然是当时反帝反封建的新民主主义革命的一个组成部分，但并不是主要部分。和平请愿也不是主要斗争方式。因为当时革命的主力是工农大众，主要的斗争形式是以革命的武装反对反革命的武装。知识分子、青年学生所进行的反帝反封建的革命斗争，只能成为武装斗争的一个补充形式和辅助手段。梁启超呼吁市民进行反对军阀、官僚的和平请愿运动，尽管有一定的积极意义，但将其作为救国的唯一方法和途径则显然是片面的。这充分显示了梁启超的改良派立场，对于当时的北洋政府，只能改良它而不能推翻它。

梁启超鼓吹市民运动的根本目的，是通过市民的和平请愿运动给北洋政府施加压力，以便使当权者们接受他关于制宪的建议，迅速产生一部宪法，走上宪政轨道。辛亥革命后，梁启超就一直鼓吹立宪政治。欧游归来后更坚定了他对立宪政治的信心，所以回国后就更积极地鼓吹制宪。1920年7月，当吴佩孚假惺惺地要他起草宪法时，他慨然允诺。1922年5月，总统徐世昌下台。6月，旧国会第二次恢复，黎元洪再度入都做总统。梁启超立马写了一篇《哀告议员》的文章，将制宪的急迫心情淋漓尽致地宣示出来：

> 国会恢复后议员第一件责任是什么？制宪。第二件呢？制宪。第三件呢？还是制宪。……十一年来的扰乱，虽然别的原因很多，没有宪法，总是原因中之主要原因。这个主要原因不消灭，扰乱便永远不会消灭。……先生们啊！——我们替你老人家磕第一个响头，求赏宪法。磕第二个响头，求赏宪法。磕第三个……第一百个响头，求赏宪法。（《合集·文集之三十八》）

这里，梁启超把辛亥革命后中国政治黑暗、经济破产、民生凋敝的原因几乎全部推到缺少宪法问题上，实在是倒果为因了。因为辛亥革命后帝国主义和买办封建势力的统治秩序没有被推翻是中国一切祸乱的根源，没有制定出宪法的原因也在这里。并且，不推翻帝国主义和买办封建势力的统治，就是有了一部宪法，祸乱也会照样存在。不久之后出现的事实就是对梁启超"宪法万能论"的绝妙讽刺。旧国会恢复后一年有余，1923年10月，宪法和总统一齐产生，而祸乱和纷争却更难抑止了。当是时，一群无耻的国会议员，以每人五千元的身价，卖给了布贩子出身的曹三爷，以惊人的速度产生了这个历史上的第一部宪法，选他做了中国近代史上第一个有宪法根据的正式总统。但这两件业绩恰恰标志了旧国会的可耻的最后的破产。

"猪仔国会"和"猪仔议员"永远被钉在了历史的耻辱柱上。当曹锟的贿选搞得舆论哗然的时候，梁启超发现他视为神圣的宪法变成了曹锟可以任意亵渎的擦脚布，而这样的宪法产生的总统更是千夫所指的民贼。他出于对曹锟的厚爱，写了《与曹仲珊论时事书》，像当年劝袁世凯不要称帝一样，劝曹锟不要自找倒霉去做那个贿选的总统。为了稳定北方局势，他希望曹锟做到两件事：一是宣言永远不做总统，二是宣布京畿永远不驻兵。梁启超推心置腹地警告说："弟不避忌讳，敢以极不祥之预言相告曰：我公足履白宫之日，即君家一败涂地之时。……今兹之变，总统亡，国会裂，政府空，市民震惊，友邦腾笑。共管之祸，迫于目前。……呜呼！公所履之境，不审公自视作何状，不旁观稍有常识者视之，公今日可谓狼狈无告天下之第一可怜人也已。"（《合集·文集之三十八》）这里，梁启超尽管言之谆谆，但曹锟却听之藐藐，因为他实在舍不得将花大价钱买得的总统宝座弃之不用。不过，梁启超的预言倒是很快便应验了：一年之后，第二次直奉战争爆发，曹锟依恃的直系军阀一败涂地，总统和宪法也就一起成了阶下囚，过了一年总统瘾的曹锟果然等来了末日审判。

梁启超对曹锟的宪法和总统似乎还比较清醒，但曹锟的失败却没有惊醒他对宪政的迷恋。1925 年，当段祺瑞再次出山任北洋政府执政的时候，北洋政府连个名义上的总统都没有了。但为了欺骗人民，段祺瑞又搞了一个宪法起草会，煞有介事地要搞一部新宪法。梁启超对自己这位老朋友的举措大力支持，他给段祺瑞写了一封信，总结民国后多次制宪失败的教训，认为由于来回折腾，不能坚持到底，致使宪法在百姓中失去了威信。他说："国宪之为物，惟不屡迁，乃得以形成信仰。昔日所立，今日可以一战之威而废之。今日所立，他日还可以一战之威而废之。似此迭为循环，则蜩螗沸羹，云胡底定？"鉴诸以往的教训，梁启超忧心忡忡地说，现在搞出一部新宪法，一时也难以树立起崇高的威信。因为"新经扶出之偶像，既无复禋祀之可歆，他日欲更衣以葆而列诸龛，微论未必可能，即能焉而威严抑已渎矣"。纵使如此，梁启超仍然认为搞一部宪法总比没有宪法好："启超虽不敢信为将来长治久安之良谟，抑亦认为现时救焚拯溺所必要。"到了这时候，北洋政府已经陷入朝不保夕的危困之境，梁启超还是没有放弃他的宪政梦。终其一生，梁启超都在念宪政经，仿佛这位尊神一旦降临人间，一切战乱和纷扰就会烟消云散，和平和欢悦之光就会永远普照大地。这不过是梁启超之类改良派的幻想而已。尽管梁启超面对风雨飘摇的北洋政府不敢给未来一个光明的预期，但仍然劲头十足地为制定一部他理想中的宪法而奔走呼号。然而，随着北伐战争的胜利进展，国内形势骤变。制宪者的地位已经岌岌可危，梁启超理想的宪法也就只能胎死腹中了。

梁启超热切希望中国有一部宪法，期盼在中国实现法治社会，以消除战乱以及政治和社会存在的种种弊端，这种愿望自然是值得肯定的。然而，梁启超并不了解，在半殖民地半封建的中国，代表地主买办阶级利益的任何名目的政府最钟情的是独裁专制，他们不仅难以制定出一部民主的宪法，而且也不准备推行真正意义的法治。他对于宪法的呼吁除了显示自己的善良愿望之外，不会产生实际的效果。

三、参与"科玄论战"

1923 年夏天，在中国近代思想史上发生了一场引起众多学者关注的"科学"与"玄学"的论战。对几乎所有学术问题都兴味盎然的梁启超也积极参与到论战之中。

这场论战是由张君劢挑起的。1923 年 6 月，后来以"玄学鬼"闻名的张君劢，在清华大学作了一次讲演，把玄学，即精神的力量作了超越实际的宣扬，同时对"科学"大肆攻击。紧接着，文化界另一知名人物、地质学家丁文江，在梁启超主编的研究系刊物《努力周报》上发表文章，全面为"科学"辩护，号召打倒张君劢之流的"玄学鬼"。由此，揭开了一场所谓"科学"与"玄学"的大论战，简称"科玄论战"。后来，战线拉长，规模扩大，中国知识界的一些著名人物也都参加进来。陈独秀、吴稚晖、胡适等人后来居上，成为论战中最重要的人物。论战中出现了三派观点。一派叫做"科学的人生观派"，代表人物有丁文江、陈独秀、吴稚晖、胡适、朱经农、唐钺等。一派叫做"非科学的人生观派"，即"玄学派"，代表人物是张君劢、杜宰平、张东荪等。第三派基本上持前两派的折衷立场，其代表人物是梁启超、范寿康、孙伏园等。

在这场论战中，以张君劢为代表的"玄学鬼"，师承中国历史上陆王心学一派的极端主观唯心主义，吸纳英国近代唯心主义哲学家巴克莱的某些理论，极力反对唯物论的自然观和认识论。他们否认客观世界是有规律运动的物质，否认人类有认识客观世界的能力。他们不仅对马克思主义的科学唯物论极力反对，肆意攻讦；同时，对从美国进口的实用主义哲学也持激烈反对的态度。他们明目张胆地违背常识，闭着眼睛鼓吹唯意志论。由于他们将人的主观精神吹得玄而又玄，神乎其神，比魏晋时代的玄学更显得迷离恍惚，令人捉摸不定，有"雾里看花，终隔一层"之感，故而称为"玄学鬼"。不过，他们反对科学派将人的思想也纳入物质世界，反对思想与物质世界的规律一样能够把握，还是有一定的合理因素。

丁文江、胡适等人从美国哲学家杜威那里引进了实用主义哲学。这种哲学实际上既否认客观世界的物质性和规律性，也否认人的认识是客观事物的反映，更否认实践是检验真理的标准。它鼓吹"有用就是真理"，同样属于唯心主义哲学流派。但是，实用主义哲学披上了"科学"的外衣，高举着"实验"的旗帜，将一切经过"实验"成功的东西当成真理，比"玄学派"具有更大的迷惑性，所以后来中国的马克思主义理论家对实用主义哲学的批判付出了较大的力量。不过,应该承认,实用主义哲学在一定范围内,尤其是在自然科学领域,还有条件地承认世界的物质性和规律性,这对于当时自然科学不发达的中国还是具有一定的积极意义。

梁启超在这场论战中,始终坚持折衷主义立场。1923 年 5 月 5 日,他发表了《关于玄学科学论战之"战时国际公约"——暂时局外中立人梁启超宣言》,认为这场论战是一次友好的学术讨论,大家都应有学者的态度,彼此平心静气地进行辩论,不要意气用事,不要伤害对方的感情。这里,梁启超实际上提出了学者参加学术辩论应该遵循的基本原则:平等地对待对方,理智地进行说理的学术辩诘。5 月 23 日,他在翠微山秘魔岩写了《人生观与科学——对于张、丁论战的批评》,提出了自己在这个问题上的观点。他对人生观和科学下了这样的定义:"人类从心界物界两方面调和结合而成的生活,叫做'人生'。我们悬一种理想来完成这种生活,叫做'人生观'。""根据经验的事实分析综合求出一个近真的公例以推论同类事物,这种学问叫做'科学'。"梁启超对人生观和科学所给出的定义虽然还算不上"科学的抽象",但还是有一些合理因素。因为他承认人生观是人类对于生活的理想,承认科学是"近真的公例",已经接近对规律的认识了。接着,他对人生与科学的关系作了如下说明:

> 人生问题,有大部分是可以——而且必须要用科学方法来解决的。却有一小部分——或者还是最重要的部分是超科学的。……人类生活,固然离不了理智,但不能说理智包括尽人类生活的全内容。此外还有极重要一部分——或者可以说是生活的原动力,就是"情感"。情感表现出来的方向很多,内中最少有两件的的确确带有神秘性的,就是"爱"和"美"。"科学帝国"的版图和威权,无论扩大到什么程度,这位"爱先生"和那位"美先生"依然永远保持他们那种'上不臣天子下不友诸

侯’的身份。……人生关涉理智方面的事项，绝对要用科学方法来解决。关涉情感方面的事项，绝对的超科学。（《合集·文集之四十》）

这里，梁启超关于情感无法完全由科学支配的观点无疑有其正确的方面。但是，他把情感和理智决然分开，既否认阶级社会情感在一定程度上受阶级斗争规律支配，也否认支配理智的科学是客观规律的反映，他的观点实际上更多地倾向玄学唯心主义。

这次论战，主要围绕着哲学上自由和必然的关系进行。“科学派”“玄学派”和“折衷派”对这个问题基本上都作了唯心主义的回答。“玄学派”认为历史是人的自由意志的产物，这个自由意志根本不受客观必然性的制约，因而历史是没有规律可循的。“折衷派”在这个问题上基本上与“玄学派”站在一条战线上。“科学派”表面上虽然也承认历史受制于科学规律，但又认为科学规律也不过是人的“主观假设”，它本身也不是客观规律。这样，三派最后殊途同归，最后都倒向唯意志论的主观唯心主义。

四、回归传统文化

以康有为、梁启超为代表的资产阶级改良派，绝大部分都是中国传统文化陶冶出来的精英人物。他们即使在对封建顽固派进行猛烈批判时，对传统文化也一直怀着难以割舍的情感，这突出表现在他们对孔子的态度，即自始至终都强烈尊孔。特别是新文化运动以后，他们更是回归传统文化，其中不少人成了新儒学的代表人物。

1898 年戊戌政变前，梁启超是康有为的忠实追随者，还没有建立自己独立的理论体系。在思想上，他笃信今文经学，以熠熠闪光的语言礼赞孔子，把他赞誉为“万世师表”的“素王”，中国古代最伟大的改革家。实际上，经过改良派的梳妆打扮，孔子就成为一位穿着古代服装、操着改良派语言的维新志士了。这一时期，他们几乎把维新变法的全部思想内容，如"通三统""张三世"的进化历史观，由开明专制到君主立宪的政治观，缓慢发展民族资本主义的经济观点等，统统都附会到孔子的身上。其目的是利用封建顽固派对孔子的尊崇，抬出孔子这尊偶像，以子之矛攻子之盾，批判顽固派的顽固保守思想；同时，也便于争取某些上层统治者的同情和支持，以减少维新变法的阻力。他们的尊孔，实际上是以传统文化中的一些精华为武器，通过批判顽固守旧思想，展示自己进步的思想和愿望，因而具有不可忽视的积极意义。

1902 年前后，梁启超的思想开始脱离康有为的藩篱而显示出自己独异的色彩。这一年，他写了《保教非所以尊孔》的名文。文中一方面认为孔子所创的教义与佛教和基督教不同，比他们更伟大："孔教者，悬日月，塞天地而万古不能灭者也。"另一方面却认为尊孔不必保教，认为"教非人力所能保"，在宗教势力衰微、法律规定信仰自由的条件下，"保教之说束缚国民思想"，弄不好还可能引发宗教战争，妨碍外交。有鉴于此，梁启超认为不能把孔教和释、耶等教等量齐观，也不必提倡捍卫孔教。他的这些观点与康有为当时狂热宣扬孔教的做法是不一致的，因而被康有为骂为"非圣弃学"，被另外一些人骂为"大逆不道"。对此，梁启超不仅坦然处之，而且对自己的作为充满信心和自豪：

嗟乎嗟乎！区区小子，昔也文保教党之骁将，今也为保教党之大敌。嗟我先辈，嗟我故人，得毋有恶其反复，诮其模棱，而以区区罪者？虽然，吾爱孔子，吾尤爱真理；吾爱先辈，吾尤爱国家；吾爱故人，吾尤爱自由。吾又知孔子之爱真理，先辈故人之爱国家爱自由，更有甚于吾者也。吾以是自信，吾以是忏悔。为二千年来翻案，吾所不惜，与四万万人挑战，

吾所不惧。吾以是报孔子之恩我，吾以是报群教主之恩我，吾以是报吾国民之恩我。（《合集·文集之九》）

这应该是梁启超对孔子、孔教和传统文化发出的最激烈的批判的声音。他之所以这样做，一方面是因为受西方文化的影响，另一方面是因为对清廷顽固派的仇恨，再加上此时与革命派来往较多，在一定程度上受到他们革命激情的感染。不过，由于梁启超受传统文化的熏陶太深，他接受的西方思想凌乱而不系统，他对传统文化的暂时离异并不妨碍他随时回归。1905 年，在革命派和改良派论战的高潮中，梁启超写了《德育鉴》，其中把孔子与历代积累的传统道德伦理学说一律推尊为"社会道德公准"。他大量引录孔子、思孟、陆王心学一派的语录，宣扬"正心诚意""寡欲慎独"等内容；在认识论方面，则宣扬冥想、静观、思敬、尽心知性、豁然贯通之类接近禅学的信条。这是他钟情于传统文化的自然流露。

1912 年，梁启超否定了自己七年前的"保教非所以尊孔"的观点，加入了康有为、陈焕章为首的孔教会。1913 年 8 月，他与陈焕章、严复、夏曾佑诸人一起上书袁世凯，要求"立孔教为国教"。9 月，梁启超作为"第一流人才和第一流经验内阁"的灵魂起草的《政府大政方针宣言书》中，也是端端正正地写上了"定孔教为国教"的条款。这表明，此时的梁启超已经完全回归了传统文化。

1915 年，一批激进的资产阶级革命民主主义者发动了新文化运动。他们高举着民主和科学两面大旗，勇敢地向两千年的封建文化发起猛烈冲击。矛头所向，集矢儒家思想的祖师爷孔子。著名的"打倒孔家店"的口号就是此时一个名叫吴虞的人喊出来的。辛亥革命后十多年中国混乱不堪的历史教训，使当时的资产阶级革命民主主义者认识到，要想取得政治革命的胜利，必须在思想领域彻底批判以孔子为代表的传统文化。1917 年之后，在十月革命的影响下，新文化运动进入新阶段，具有初步共产主义思想的知识分子，开始以马列主义理论进行对封建文化的批判。中国新文化运动的伟大旗手鲁迅先生，以其永放光芒的文艺作品，对封建的伦理道德作了最深刻、最有力、最辛辣的抨击，显示了新文化运动的实绩。面对汹涌而来的新文化运动对传统文化的批判，梁启超加入了新儒学阵营，公开反对"专打孔家店"，反对"把儒学道术的价值抹煞"。（《合集·专集之一百三》）他千方百计地挖掘以孔子为代表的传统文化的价值，不遗余力地宣扬孔子、思孟、董仲舒、朱熹、陆九渊、王阳明等人的思想。在他笔下，孔子被推尊为空前绝后的历史伟人：

> 人日覆帱于天，而不知天之高也；日持载于地，而不知地之厚也；日孕育于圣人而不知圣人之大也。自我神州赤县，乃至西尽流沙，北极穷发，东迄扶桑日出之邦，南暨椎结鴂舌之域，二千年间所自产者，何一不受赐于孔子：其有学问，孔子之学问也；其有伦理，孔子之伦理也；其有政治，孔子之政治也。其人才皆由得孔子之一体以兴；其历史皆演孔子之一节以成。苟无孔子，则中国当非复二千年来之中国。……世界亦非二千年来之世界。……
>
> 吾将以教主尊孔子，夫孔子诚教主也，而教主不足以尽孔子。……吾将以教育家尊孔子，夫孔子诚教育家也，而教育家不足以尽孔子。……吾将以政治家尊孔子，夫孔子诚政治家也，而政治家不足以尽孔子。而孔子之因时的政治，可以善当时之中国，可以善二千年讫今之中国，且可以善自今以往永劫无穷之中国也。於戏！吾欲知孔子，吾果何道以知孔子？（《合集·专集之三十六》）

你看，在这里，梁启超对孔子的颂扬不是已经超过他的老师康有为了吗？在他看来，孔子岂止教主？孔子已经穷尽了宇宙的真理，其学问和人格也超过了古往今来的一切政治家和思想家，成为永远为尘世赐福的通天教主了。

1922年12月27日，梁启超在对苏州学生联合会所做的《为学与做人》的讲演中，特别提出中国青年人应该弘扬孔子的"达德"仁、智、勇，认为这是人人必须恪守的万古不变的道德信条。他说，青年人为学，就是学习修身、齐家、治国、平天下的学问；做人，就是依照孔孟倡导的那些道德信条和修养方法进行刻苦磨炼。

1917年以后，胡适等人发起了一个研究、整理"国故"的运动，不少新儒家和倾向他们的文人学者，都著书写文章，极力地挖掘中国传统文化的精华，推荐国学书目。1923年，在国学书目满天飞的氛围中，以"青年导师"自居的梁启超，也发表了《国学入门要目及其读法》一文，一下子开列了百数十种书目，包括了大部分儒家经典，其中特别对儒家两大鼻祖的经典《论语》和《孟子》加以出格的表彰和推崇。他说："论语为

1923年夏，梁启超与子思忠在北戴河

二千年来国人思想之总源泉。孟子自宋以后势力亦与相埒。此二书可谓国人内的外的生活之支配者。故吾希望学者熟读成诵。即不能，亦须翻阅多次，务略举其辞，或摘记其身心践履之言以资修养。"（《合集·专集之三十六》）1925年，他在清华大学和南开大学两校讲授《要籍解题及其读法》和《儒家哲学》，大力提倡尊孔读经。在《要籍解题及其读法》中，他用最美好的词语颂扬《论语》和《孟子》："论语一书，……字字精金美玉，实人类千古不磨之宝典。盖孔子人格之伟大，宜为含识之俦所公认，而论语则为表现孔子人格唯一之良书也。……论语之最大价值，在教人以人格的修养。""苟能将论语反复熟读若干次，则必能怵然有见于孔子之全人格，以作自己祈向之准鹄"。梁启超认为，孟子在文化史上的最大贡献在于"高唱性善主义""排斥功利主义"；在修养方面，要学习孟子的"砥砺廉隅、崇尚名节""气象博大、独往独来、光明俊伟、绝无藏闪""意志坚强、百折不回"等一系列的精神品质。他推许"孟子为修养最适当之书，于今日青年尤为相宜"。他甚至打保票说，只要把孟子的修养方法学到手，"则一生做人基础可以稳固，而且日日向上，至老不衰矣"。（《合集·专集之七十一》）

1927年，梁启超发表了《学校读经问题》，提出恢复学校读经。他说，近十多年来，学校不读经，自己也曾以读经艰难而倾向不读，现在"从各方面研究，渐觉不读之不可"。根本原因在于，"经训为国性所寄，全国思想之泉源，自兹出焉。废而不读，则吾侪与吾侪祖宗之精神，将失连属，或酿国性分裂消失之病。"（《合集·文集之四十三》）显然，在梁启超看来，离开了儒家经典，全国思想之泉就会立即干涸，国民性也就无端而失，中国人也就不成为中国人了。这一年，梁启超还出版了他颂扬儒家思想的主要代表作《儒家哲学》。在这本书中，他对儒家哲学的褒扬达到了登峰造极的程度。他认定中国几千年来的民族文化就是儒学。儒家哲学也叫儒家道术，是研究人与人之间关系的学问，其主要内容是性之善恶、仁义、功利、理欲、知行等。梁启超把儒家哲学分成两部分，一部分属于时代性的，如正名、井田、五亩之宅、百亩之田等政治、经济措施，只适用于当时的时代。另一部分是非时代性的，如智、仁、勇等伦理道德层面的内容，适应于一切时代和所有人类，永远不变，万古长青。梁启超进而认为，儒家哲学不是玄学而是科学，并且它的研究方法也是符合科学精神的。至于儒家哲学更多偏重个人修养的倾向，也是正确的。因为历史是由少数人创造的，抓住了个人修养，也就抓住了全部历史的轴心。所谓修身、齐家、治国、平天下，就是由少数人创造历史的逻辑路径，即由自己逐步扩展到全世界的路径。梁启超更进一步赞颂儒家哲学，说它"是伸张民权的学问，不是拥护专制的学问；是反抗压迫的学问，不是奴辱人民的学问"。梁启超认识到"仁"是孔子思想体系的核心，因而对"仁"的赞誉不遗余力。他说："孔子学说，最主要者为'仁'。……以仁为人生观的中心，这是孔子最大发明，孔子所以伟大，亦全在此。"（《合集·专集之一百三》）

近代中国的一批著名思想家，由青年时代激烈批判传统文化，到晚年又回归传统文化，似乎划出了他们思想发展的轨迹，严复、梁启超、章太炎是他们中的典型代表。对此，梁启超本人也是认账的。在《五十年中国进化概论》一文中，他这样写道：

在第二期（指甲午至辛亥革命），康有为、梁启超、章炳麟、严复诸辈，都是新思想的勇士，立在阵头最前的一排。到第三时期（1915年新文化运动后），许多青年跑上前线，这些人一躺一躺被挤落后，甚至已经全然退伍了。这种新陈代谢现象，可以证明这五十年间思想界的血液流转得很快。（《合集·文集之三十九》）

问题在于，梁启超和他的一些同辈人，其思想的发展为什么经过了一个否定之否定的过程呢？这既有时代的根源，也有他们自身的原因。无论是革命派的代表人物，还是改良派的代表人物，当他们在辛亥革命前猛烈抨击清王朝的顽固守旧时，就很自然地将清朝顽固派与中国传统文化，尤其是中国传统文化的糟粕联系在一起，从而对传统文化进行毫不留情的批判，并往往走向极端，对传统文化几乎全盘否定。辛亥革命后，随着资产阶级共和制度在形式上的建立和运行，这个制度的弊端也逐步显现出来。再加上他们出访欧美最先进的资本主义国家，目睹资本主义制度的种种弊端，必然促使他们放弃以前对这种制度的理想化理解，进而冷静思索和重新考量这种制度对中国社会的适应性。再进一步，由对制度的思考进入到对支撑这种制度的思想文化的思考。更由于他们不愿接受马列主义（在他们眼里马列主义是与卢梭、孟德斯鸠一样的"西学"）作为观察国家民族命运的工具，他们就只能回过头来，向不久前自己批判过的中国传统文化寻求理论支持。就这样，他们不仅发现中国传统文化中有着大量自己以前没有注意到的精华，而且发现不久前自己猛烈批判过的许多内容也是闪闪发光的精金美玉。他们向传统文化的回归，固然与他们思想渐趋保守不无关系，但更重要的是他们守护和弘扬中国传统文化精华的赤子之心在起着根本的作用。

第七章

学术大师

一、1920 年前的学术研究

梁启超作为一代成绩卓著、蜚声中外的学术大师，以其开风气之先的理论引导，以其等身的皇皇论著，在 19 世纪末和 20 世纪初近半个世纪的悠长岁月里，曾对中国近代思想学术文化的发展产生过巨大而深远的影响。

梁启超集中精力和时间专门从事学术研究，是在 1918 年他第三次宣布放弃政治活动之后。因为从 1918 年冬至 1920 年春一年多的时间内他奔波于欧游途中，所以更确切地说，他专门从事学术研究，是 1920 年后至逝世前的近十年间。但这并不是说，在此之前梁启超就没有留下学术方面的著作。他作为康有为的学生和近代今文经学的名将之一，学术研究恰恰成为他政治活动的先导。不仅在康有为的名著《新学伪经考》和《孔子改制考》中有着梁启超付出的辛勤劳动，而且在他服务于政治斗争的许多政论文章中，也镶嵌着不少熠熠闪光的学术珍珠。

从 1895 年起，直到 1917 年他辞去段祺瑞内阁的财政总长，20 多年来，梁启超几乎一直置身于政治斗争的旋涡中，所有时间和精力，大部分都用到眼前的政治斗争上，的确无暇进行较集中和系统的学术研究，也就没有拿出有分量的学术研究成果。然而，即使在这一时期，结合政治斗争的需要，他除了写了数量可观的介绍外国政治、经济、历史、哲学、文学、宗教等方面的文章外，还写了不少有关中国历史、哲学、法学、文学等方面的文章，其中不少都具有一定的学术价值。

梁启超在戊戌变法时期的学术思想，基本上固守着今文经学的家法，康有为的影响是十分明显的。最典型的文章是《读春秋界说》和《读孔子界说》。《读春秋界说》认为，《春秋》是孔子改定制度以教万世的书，它主要是为了"明义"而不是为了纪事，其中的纪事也是为"明义"服务的。

在《读孔子界说》中，他认为孔子之学到战国发展成孟、荀两大派。孔子是一个创教者，孟子是一个传教者。荀、孟的区别在于，荀子是孔门文学之科，他的学问"在传经"。孟子是孔门的政事之科，他的学问"在经世"。进而他认为，孟子在六经之中，最着意于《春秋》一书的"大同之义"。孟子的全部学说以"仁义"为"总宗旨"，经世的目的是为了"保民"。他把"非战"作为"大同"的起点，把井田作为大同的"纲领"，把"性善"作为大同的"极效"。尧、舜、文王是大同的"名号"，王霸是"大同小康之辩"。"拒杨墨"是为了传教，"不动心"是为了加强自己的修养。最后，梁启超认为，孟子的话都可以看作孔子的话，但孔孟的学说至今一条也未实行。梁启超的上述观点，基本照抄康有为，一本今文师法，虽然其中一些提法不无可取之处，但今文师法扭曲了他对历史真实的认识。这时期，他还写了《张博望、班定远合传》《赵武灵王传》《李牧传》等，热切地歌颂了他们的功业，凸显他们对中华民族的伟大贡献。

戊戌政变以后，康有为在政治和学术上依然固守着改良派的旧垒，但大量接受西方资产阶级思想和学说的梁启超，在学术思想上却逐渐与康有为发生了离异。此后，他的学术研究的内容和风貌已不是康有为所能左右的了。由是，梁启超成为中国近代较早学习和运用西方资产阶级观点和方法研究中国古代文化遗产的领军人物，一代影响深远的学术巨人。

梁启超兴趣广泛、才华横溢、学识渊博，他的学术研究很早就显示出"百科全书"式的气派。1920 年前，他的学术论著涉及了古今中外的政治、经济、历史、哲学、文学、法学、宗教等各个领域，重点在中国历史，尤其是中国学术思想发展史。

梁启超是中国近代资产阶级史学理论最早的倡导者和奠基人。1901 年他写的《中国史叙论》，1902 年写的《新史学》，可以算作中国近代资产阶级史学理论最早的两座纪念碑。这两篇长文，一方面对几千年的中国旧史学进行了猛烈的批判，起到了声讨旧史学檄文的巨大作用；另一方面，也初步提出了较系统的资产阶级史学观点。在梁启超之前，中国历史上的一些著名的史学理论家，如刘知几、章学诚等，尽管也提出过对中国封建"正史"的某些批判，并且在不少地方指出了封建正史所存在的根本缺陷，而有些击中要害的讥评，至今读来还令人感佩。但是，他们的史学理论仍然没有超脱旧史学的范畴，与梁启超在这两篇长文中对旧史学那种痛快淋漓的批判相比，就不可同日而语了。这两篇长文对旧史学的批判，其气势之雄伟，锋芒之犀利，在梁启超的史论文章中，不仅是空前的也是绝后的，充分显示了他前期在思想上的勇敢无畏和所向披靡。梁启超给旧史学列了四大罪状：

"一曰知有朝廷而不知有国家"。二十四史不过是"二十四姓之家谱"，记述的只是"有权力者兴亡隆替之事"，此姓衰亡，彼姓兴起，你来我往，争战不已。因此，二十四史也是地球上"空前绝后"的"相斫书"。作史者都有一个明确的目的，就是供君臣浏览，为统治者提供"资鉴"。没有一本史书是为一般国民编著的。封建正史混淆了国家和朝廷的区别，认为朝廷也就是国家。由此也就又产生出"正统闰统之争论""鼎革前后之笔法"，结果造成"今日盗贼，明日神圣，甲也天命，乙也僭逆"的矛盾记载。梁启超特别尖锐地批判了所谓旧史学中的"正统论"。他不无讥讽地说，所谓正统，"一言以蔽之曰，自为奴隶根性所束缚，而复以煽后人之奴隶根性而已"。他列举大量历史事实，证明"正统"是不存在的，它是历代统治阶级，"霸者与霸者之奴隶"，为保住一姓的私产，"缘饰附会"，辗转伪造的。封建史家关于正统与否的争辩，不过是"群蛆啄矢，争其甘苦；狙公赋芋，辩其三四"。（《合集·文集之九》）梁启超认为应该完全把旧史学的正统说抛在一边，决不能再继续这种毫无意义的争论。

"二曰知有个人而不知有群体"。中国的封建正史，不是把人物作为历史材料，而是把历史变成人物的"画像"；不是把人物作为时代的代表来论列，而是把时代变成人物的"附属物"。正因为这样，所以二十四史的本纪列传，也就像"乱堆错落"的海岸岩石一样，显示不出群体进化的规律。在封建史家的笔下，二十四史不过是无数"墓志铭"的合集而已。

"三曰知有陈迹而不知有今务"。封建正史仅仅是以往历史的呆板记录，它的叙述和研究不能密切地与现实政治和社会生活联系起来。

"四曰知有事实不知有理想"。汗牛充栋的中国封建史书，就像蜡人院里的偶像一样，毫无生气，死气沉沉，结果使读者埋首其中，费力费时，从中却看不到理想。因而旧史不仅不能成为"益民智"之具，反而成为"耗民智"之具。尽管旧时代留下了那么多的史书，但从新史学的观点看，就是认为旧时代"无史"也是不过分的。

梁启超认为，封建史学因为有以上"四蔽"，也就同时产生出另外两大"弊病"："其一能铺叙而不能别裁"，"其二能因袭而不能创作"。(《合集·文集之九》) 梁启超以上这些对封建史学的抨击，自然包含着不少偏见也有不少言过其实的地方，但在 20 世纪初期的中国，如此以高屋建瓴之势，毫无顾忌地痛斥封建正史为"帝王将相家谱""相斫书""墓志铭""蜡人院"，的确起到了振聋发聩的作用，对于破除对封建史学的迷信，解放思想，显然功不可没。

在批判封建史学的基础上，梁启超试图建立起自己的历史观。在《中国史叙论》中，他认为新史学不仅应该"记述人间过去之事实"，而且还必须"说明其事实之关系，与其原因结果"，"探察人间全体之运动进步""及其相互关系"。(《合集·文集之六》) 在《新史学·史学之界说》中，梁启超进而认为，历史应该"叙述人群进化之现象而求得公理公例"。(《合集·文集之九》) 这就是说，历史应该研究人类社会发展的规律，探索历史事件和人物活动的因果关系。梁启超承认历史发展有着自己的规律，也承认必须探索和发现这种规律，这无疑是有进步意义的。

梁启超把达尔文的进化论引进历史领域，批驳了封建正史传统的关于社会发展"一治一乱，治乱相循"的观点。他认定历史是由低级向高级发展的一个过程，今天胜过昨天，将来胜过现在，历史愈变愈进步。在《中国史叙论》中，他把中国历史划分为三个阶段：传说中的黄帝至秦朝为上古，秦汉至清代乾隆为中世，乾隆以后为近世。在《国家思想变迁异同论》中，他把欧洲各国社会的发展分成六个时代：家族主义、酋长主义、帝国主义、民族主义、民族帝国主义、万国大同主义。这种分期法尽管并不科学，但较之封建史家把人类社会的黄金时代推到远古的倒退观点和帝王更替、治乱迭起的循环观点，还是略胜一筹的。梁启超在他后来的历史研究中，基本上能够贯彻这种历史进化观点，因而在他的著作中，给人以强烈的历史感。不过，梁启超的历史进化论的主轴是社会达尔文主义。他不承认生产力和生产关系、上层建筑和经济基础的矛盾运动贯穿人类社会的始终，也不承认在一定的历史条件下阶级斗争推动历史发展的作用。他最后把历史的内容概括为"叙人种之发达与其竞争"。（《合集·文集之九》）由此出发，他把世界上的民族分成两类："历史的人种"——压迫和奴役其他民族的优等民族；"非历史的人种"——被侵略、压迫和奴役的劣等民族。这种民族优生论虽然对在 20 世纪初年民族危机形势下的中国人民具有一种警醒作用，但从本质上说，它是为帝国主义侵略和奴役弱小民族服务的。

一个历史进化论当然无法圆满地解释错综复杂的所有历史现象，于是，梁启超又把西方史学中一度十分流行的地理环境决定论引进来，奉为圭臬。在《中国史叙论》中，他用地理环境解释了大量的历史现象。他认为，我国在明朝以前，之所以都是起于北方的统治者统一全国，吃掉南方的统治者，就是因为北方"寒带之人常悍然"，南方的"温带之人常文弱"。东北地区的少数民族所以长期进攻中原，造成对汉族政权的巨大威胁，原因是他们"长于猎牧之地，常与天气及野兽战"，养成"好战狠斗"的性格，

"不喜土著而好侵略"。同时，他还用中国幅员辽阔来解释"地方自治制度"的发达和专制主义中央制度的长期存在。在《论中国学术思想变迁之大势》中，他又用地理环境解释春秋末至战国时代的百家争鸣。他先把其时复杂的学派简化为"南老北孔"的对立，然后再把这种对立和斗争归因为环境和气候条件的差异。请看他那一段有名的论断吧：

> 北地苦寒硗瘠，谋生不易。其民族销磨精神日力以奔走衣食维持社会，犹恐不给，无余裕以驰骛于玄妙之哲理。故其学术思想，常为实际、切人事、贵力行、重经验。而修身齐家治国利群之道术，最发达焉。惟然，故重家族，以族长制度为政治之本。敬老年，尊先祖，随而崇古之念重，保守之情深，排外之力强。则古昔，称先王，内其国，外夷狄，重礼文，系亲爱，守法律，畏天命。此北学之精神也。南地则反是。其气候和，其土地饶，其谋生易，其民族不必惟一身一家之饱暖是忧。故常达观于世界之外，初而轻世，既而玩世，既而厌世，不屑于实际，故不重礼法，不拘拘于经验故不崇先王。又其发达较迟，中原之人，常鄙夷之，谓为野蛮。故其对于北方学派，有吐弃之意，有破坏之心，探玄理，出世界，齐物我，平阶级，轻私爱，厌繁文，明自然，顺本性，此南学之精神也。
> （《合集·文集之六》）

梁启超的结论是，只有地理与人民相结合，然后"文明以起，历史以成"；"若二者相离，则无文明，无历史"。所以人民、地理环境与历史的关系，"恰如肉体与灵魂相待以成人"一样密切。这里，梁启超的可贵之处，不仅在于他看到了地理环境与人类历史的密切关系，而且更在于他力图找到这种密切关系的正确表述，尽管这种表述看起来有点倾向"地理环境决定论"之嫌，但其中的合理因素应该得到重视。

20 世纪初期，梁启超不但在资产阶级史学理论的创建上做出了开拓性的贡献，在中国历史的不少领域的研究中也取得了一系列的重要成果。《论中国学术思想变迁之大势》是其中最重要的一篇论文。在这篇文章中，梁启超以历史进化论为指导，对中国三千年思想史进行了全面的梳理和评价。他把中国思想史划分为七个阶段：春秋以前为"胚胎时代"，春秋战国为"全盛时代"，两汉为"儒学统一时代"，魏晋南北朝为"玄学时代"，隋唐为"佛学时代"，宋元明为"理学时代"，明末至晚清为"近世学术时代"。梁启超力图把握每个时代的思想特点及其形成原因，他的探索虽然有些牵强附会和想当然的地方，但也不乏真知灼见和创新的闪光之点。他认识到春秋战国是中国古代思想史上一个光辉灿烂的时代，并以异常生动形象的语言描绘了这个时代的风貌：

> 全盛时代，以战国为主，而发端实在春秋之末。孔北老南，对垒互峙，九流十家，继轨并作。如春雷一声，万绿齐茁于广野；如火山乍裂，热石竞飞于天外。壮哉壮哉！非特中华学界之大观，抑亦世界学史之伟绩也。

他把这一时期思想学术勃兴的原因归结为七个方面，即"蕴蓄之宏富""社会之变迁""思想言论之自由""交通之频繁""人才之见重""文字之趋简""讲学之风盛"。如此探寻，虽然还未能把思想斗争与阶级斗争联系起来考察，但把社会变革作为思想活跃的主要原因无疑是有见地的。论述两汉思想时，梁启超正确地看到了汉武帝实行"罢黜百家，独尊儒术"的文化专制主义政策给思想学术带来的不利影响，认为统一替代竞争，必然窒息学术思想的活力。"夫进化之于竞争，相缘也，竞争绝则进化亦将与之绝"。"中国学术所以不进化，曰惟宗师一统故"。"故儒学一统者，非中国学界之幸，而实中国学界之大不幸也"。（《合集·文集之七》）接着，梁启超分析了儒学在汉代被定为一尊的原因。他认为，战国后期的战争、秦始皇的"焚书坑儒"、秦末和汉初的战争，给整个思想学术文化的发展带来极大的不利影响。更由于秦汉"为中国专制政体发达完备的时代"，统治阶级运用政治力量"禁言论思想之自由"，因而使战国时代的各种思想流派几乎都遇到被消灭的厄运。儒学在此形势下之所以拔出同列，被定为官方学术，是因为它具备了其他任何学派都不具备的有利条件，得到了当权者的特别垂青。他分析了儒学比老墨两家优胜的地方，在于"墨氏主平等，大不利于专制。老氏主放任，亦不利于干涉。与霸者所持之术，固已异矣。惟孔学则严等差，贵秩序，而措而施之者，归结于君权。……于帝王驭民，最为适合。故霸者窃取而利用之以宰制天下"。他又分析儒家较之法家的优胜处，在于"法家之为利也显而骤，其流弊多。儒家之为利也隐而长，其流弊也少。盖逆取顺守，莫良于此矣"。他进而指出儒家学说本身具有其他学说无可比拟的优长，它"说忠孝，道中庸，与民言服从，与君言仁政，其道可久，其法易行，非如法家之有术易以兴无术易以亡也"。梁启超最后归结说，儒学"以用世为目的，以格君为手段。故孔子及身，周游列国；高足弟子，交友诸侯。为东周而必思用我，行仁术而必藉王齐。盖儒学者，与帝王相依附而不可离者也。故陈涉起而孔鲋往，刘季兴而叔孙从。恭顺有加，强刮不舍，捷足先登，谁曰不宜"。（《合集·文集之七》）这里，梁启超对封建专制主义统治需要儒学和儒学本身如何适应专制主义需要的分析，确实是深入腠理，切中肯綮的。

对于魏晋南北朝时期的思想主潮玄学，梁启超以"老学时代"加以概括，评价是很低的："三国六朝，为道家言猖披时代，实中国数千年学术思想最衰落之时也。"在他看来，这是一个怀疑主义、厌世主义、破坏主义和隐诡主义盛行的时代，也是由儒学占统治地位的时代向佛学占统治地位时代的过渡。梁启超认为，玄学之所以风靡学界三百余年，从学术上看是由于两汉经学走向末路，出现"训诂学之反动"。从时代看，则由于曹魏"提倡恶俗"，晋代以倾，"杀戮过甚，人心皇惑"，"天下大乱，民苦有生"，再加上谶纬迷信流行，"民志皇皇"，因而造成相率祈禳、炼养、服食，于是归向了玄学。这些分析，在很大程度上接近历史的真实。但是，梁启超把魏晋南北朝时期的学术思想看成一团漆黑，认识不到玄学在提升中国思维水平方面的贡献，则是一种偏见。

梁启超与近代其他改良派思想家一样，似乎都对佛学情有独钟。因而，在他对隋唐佛学的评价中，就不惜使用了许多崇高的赞美词："吾顶礼以祝，吾跂踵以俟，高山仰止，景行行止。""中国之佛学，以宗教而兼有哲学之长。""佛说本有宗教与哲学之两方面，其证道之究竟也在觉悟，其入道之法门也在智慧，其修道之得力也在自力。佛教者，实不能与寻常宗教同视也。"1902年，梁启超写了《论宗教家与哲学家之长短得失》和《论佛教与群治之关系》两篇文章，更表现了他的宗教观念和对佛教的特别热衷。他肯定宗教思想比哲学思想更"宜于治事"，因为"无宗教思想则无统一""无宗教思想则无希望""无宗教思想则无解脱""无宗教思想则无忌惮""无宗教思想则无魄力"。（《合集·文集之九》）他赞扬佛教是一切宗教中最优越的一种宗教，认定佛教具备其他宗教都不具备的六大独特的优点："智信而非迷信""兼善而非独善""入世而非厌世""无量而非有限""平等而非差别""自力而非他力"。（《合集·文集之十》）晚年，梁启超佞佛愈深，发表了更多有关佛学的论著。其基本观点，大体上都是以上思想的充实和阐发。

由于梁启超今文经学的偏见不像康有为那么根深蒂固，因而《论中国学术思想变迁之大势》对明末和清代思想学术的评价，恰当和中肯的地方就较多。他高度赞扬了明清之际思想界的巨星黄宗羲、王夫之、顾炎武等在批判宋明理学、提倡"经世致用"之学的重大贡献，彰显了实学思潮在学术史上的重要意义。对乾嘉汉学大师惠栋、段玉裁、王念孙、王引之、戴震、全祖望等在考据学上的成就，也给予了较高的评价。但是，因为梁启超毕竟又是近代今文经学的巨子之一，所以他对近代今文经学的大师们，从庄存与、刘逢禄等开山人物，到龚自珍、魏源等承前启后的中坚，再到集其大成的康有为等人，都倾注了更大的热情，献上了更深情的颂歌。

1902 年，梁启超还写了《中国专制政治进化史论》一文，对中国历代政体的演化进行了考察。他把中国政治制度的发展史分为四大期十三小期："自黄帝至周初，为封建未定期；自周至汉初，为封建全盛期；自汉景武以后至清初，为封建变相期；自康熙平定三藩以后，为封建全灭期。"（《合集·文集之九》）这里，梁启超从进化论出发，把中国专制政体的发展，看成是一个由低级向高级，由不完善到逐步完善的历史过程，具有一定的合理因素。他以"封建"的变化作为分期的标准，显示了独特的视角，但他既混淆了国体和政体的区别，也混淆了国家和社会的区别，所以这种分期并不是科学的。1904 年，梁启超写了《中国法理学发达史论》，以进化的历史观探索了春秋战国时期法家学派兴起、发展和在汉代以后没落的原因。他认为，汉代以后，虽然"一切法律上事业，悉委诸刀笔之吏"，法制继续推行，但法家学说却从此一蹶不振。在汉以后的中国封建社会的历史上，根本就不存在绵延二千年之久的儒法斗争。这种见解，在很大程度上是与历史实际相吻合的。不过，梁启超把法家学派在汉以后的衰落仅仅归因于儒、墨等学派的排挤打击，则显然是片面的，因为一个学派的兴衰最根本的原因是它与当时政治社会的适应程度相关。

1904 年，梁启超还写了《中国历史上革命之研究》一文，从改良派的立场出发，他一方面混淆中国历史上农民的反抗斗争与统治阶级内部斗争的区别，另一方面肆意贬低农民反对封建王朝的斗争。他认为中国历史上只有"私人革命，而无团体革命"；只有"野心的革命，而无自卫的革命"；只有"上等下等社会革命，而无中等社会革命"。而所有这些革命都是利少弊多，"被革命之祸者全国，而食其利者不得一方面"。有些革命延续时间太长，因而破坏更严重。再加上革命队伍内部派系林立，互相攻讦，就使国家长期糜烂，给外族势力的入侵创造了可乘之机。总之，在他看来，中国历史上的革命有百害而无一利，而所有那些革命派的代表人物也没有一个好东西："割断六亲，乃为志士；摧弃五常，乃为伟人；贪黠倾轧，乃为有手段之豪杰；酒色财气，乃为现本色之英雄。"（《合集·文集之九》）中国历史上农民起义和农民战争的评价是一个长期争论的学术问题。梁启超只看到农民起义和农民战争的负面影响，尽管不是没有一点道理，但却是片面的。

1904 至 1905 年间，梁启超还写了《中国殖民八大人物传》《大航海家郑和传》等文章，对中国历史上开拓海外的英雄人物尽情讴歌，文中洋溢着高昂的民族自豪感。不过，他把郑和等人硬是与近代西方殖民主义者联系在一起，则显得不伦不类了。

上面简要介绍了梁启超 1920 年前的学术研究。公正地说，一直处于政治斗争旋涡中的梁启超，在这一时期能够留下如此大量、丰富并且在某些方面又较为深刻的学术研究成果，是很了不起的。就个人条件而言，也只有梁启超这样的学者能做出如此的成绩。这些成果，显示了梁启超广泛的兴趣，渊博的学识，卓越的禀赋，同时也显示了他未来 10 年在学术领域辉煌的前景。

二、《清代学术概论》

1920 年春天，梁启超欧游归来，担任了清华、南开等大学的教授，勉力从事教学和著述。这一年，他的欧游伙伴、梁启超执教时务学堂时的学生、著名军事家蒋方震，写了一本《欧洲文艺复兴时代史》，请梁启超为之作序。梁启超兴趣一来，便以欧洲文艺复兴时代的历史相比附，写起中国近代的学术复兴史来了。他愈写愈多，一发难收，几天的时间，就草就了一本六万字左右的著作，其分量已经接近序书。写成之后，梁启超也感到作为序言是不合适的，于是独立成书，这就是后来人们看到的极负盛名的《清代学术概论》一书。《清代学术概论》成书如此之速，梁启超具有超人才华固然是一个重要条件，但更重要的是因为他是清代今文经学的著名代表人物，从学生时代起就开始对清代学术源流进行研究和探索，涉猎过大量的资料。辛亥革命前在日本办报时期，又写过《论中国学术思想变迁之大势》等文章，在中国学术思想的研究方面下过一番功夫，有较深厚的积累。而在亡命海外和欧游期间，他进一步接触和学习了西方近代的学术理论和治学方法。再加上有欧洲文艺复兴史可兹比附，这从而使梁启超以惊人的速度完成了这一赢得后人高度评价的著作。其实，这应该看作中国近代学术史上学者厚积薄发的一个典型案例。

《清代学术概论》比较系统地评述了明末至梁启超时期的清末近三百年来中国近代学术思想的发展概况。在全书的开篇，他就比附欧洲文艺复兴，对这一时期的学术史作了"以复古为解放"的概括：

　　综观二百余年之学史，其影响及于全思想界者，一言蔽之，曰："以复古为解放。"第一步，复宋之古，对于王学而得解放。第二步，复汉唐之古，对于程朱而得解放。第三步，复西汉之古，对于许、郑而得解放。第四步，复先秦之古，对于一切传注而得解放。

"以复古为解放"虽然还不能准确地体现这一时期思想和学术的内容

与实质，但的确在一定程度上抓住了清代学术思想的形式上的特点。任何新思想的创造，都是以历史上留下的思想资料作为出发点，并根据阶级和时代的需要对以往的思想资料进行改造的结果。清代不同时期的思想家的确以对待中国古代思想资料的不同态度而显出不同的特点。梁启超把清代学术思想划分为四个时期：启蒙期、全盛期、蜕分期、衰落期。启蒙期的代表人物为顾炎武、王夫之、黄宗羲、颜元、阎若璩、胡渭。全盛期的代表人物为惠栋、戴震、段玉裁、王念孙、王引之。蜕分期和衰落期的代表人物是康有为和梁启超。尽管梁启超把自己列入近代今文经学一派，但他对每个时期的代表人物及其思想和学术成就的评价，却基本上突破了今文经学的眼界和师法，如他自己所标榜，尽力做到客观和公正。这应该是《清代学术概论》这一著作成为学术佳品的重要原因。

梁启超肯定顾、王、黄、颜在思想和学术上的卓越贡献。他称颂顾炎武的"贵创""博证"和"致用"的学术风格与治学精神，肯定黄宗羲猛烈抨击君主专制的民主精神以及王夫之关于"天理即在人欲之中"的反理学观点。对于这一时期启蒙思想形成的原因，梁启超给出了这样一个答案：

> 第一，承明学极空虚之后，人心厌倦，相率返于沈实。第二，经大乱后，社会比较的安宁，故人得有余裕以自厉于学。第三，异族入主中夏，有志节者耻立乎其朝，故刊落声华，专集精力以治朴学。第四，旧学派权威既坠，新学派系统未成，无"定于一尊"之弊，故自由研究之精神特盛。

这样的解释显然是切中肯綮的。

《清代学术概论》在对全盛期惠栋一派的"汉学"作了充分的肯定之后，也比较中肯地指出了它的不足之处："平心论之，此派在清代学术界，功罪参半。笃守家法，令所谓'汉学'者壁垒森固，旗帜鲜明，此其功也。胶固、盲从、褊狭，好排斥异己，以致启蒙时代之怀疑的精神、批评的态度，几夭阏焉，此其罪也。"这种看法，自然是一种卓识。梁启超对戴震的推尊更显示了他的眼光。他赞扬戴震的"淹博""识断""精审"，特别推崇戴震的"不以人蔽己，不以己自蔽""志存闻道，必空所依傍"的治学精神。他认为戴震高出惠栋的地方恰恰在于"识断""精审"。梁启超尤其赞扬戴震在《孟子字义疏证》中对宋明理学"以理杀人"的批判，称颂他"体民之情，遂民之欲"的进步观点。他说："疏证一书，字字精粹，……真可称二千年一大翻案。其论尊卑顺逆一段，实以平等精神，作伦理学上一大革命。其斥宋儒之糅合儒佛，虽辞带含蓄，而意严正，随处发挥科学家求真求是之精神，实三百年间最有价值之奇书也。"梁启超对唯物论倾向十分明显的戴震思想作如此高的评价，充分显示了他在学术上的宽容和公正。梁启超还从方法论的角度对乾嘉学派的治学方法进行了总结和评判。他认为"清儒之治学，纯用归纳法，纯用科学精神"，其程序是，"第一步，必先留心观察事物，觑出某点有应特别注意之价值。第二步，既注意于一事项，则凡与此事项同类者或相关系者，皆罗列比较以研究之。第三步，比较研究的结果，立出自己一种意见。第四步，根据此意见，更从正面旁面反面博求证据。证据备则泐为定说，遇有力之反证则弃之。"乾嘉学派的治学是否"纯用归纳法，纯用科学精神"，是一个值得研究的问题。至少他们缺乏辨证的思维，与马克思主义的史学方法论还不可同日而语。但他们遵循形式逻辑的方法所进行的辨伪、考据以及总结出来的那些具体方法，直到今天对我们整理古代文献还是适用的。

《清代学术概论》对康有为是十分推崇的，但也能比较正确地指出他的研究著作中所存在的问题。例如，它一方面把《新学伪经考》誉为"思想界之一大飓风"，另一方面也指出该书中强史就我、歪曲事实的真实情况："有为以好博好异之故，往往不惜抹煞证据或曲解证据，以犯科学家之大忌，此其所短也。有为之为人也，万事纯任主观，自信力极强，而持之极毅。其对于客观的事实，或竟蔑视，或必欲强之以就我。其在事业上也有然，其在学问上也亦有然。其所以自成家数崛起一时者以此，其所以不能立健实之基础者亦以此。"知师莫如弟子。梁启超对他老师的长处和短处是比较清楚的，但他敢于坦率、客观地指出来，不加曲意回护，这种忠于事实的态度反映了作为历史学家的梁启超的史德，显然是值得肯定的。

梁启超在《清代学术概论》中对自己学术思想的发展变迁作了如下的概括和评价：

> 其保守性与进取性常交战于胸中，随感情而发，所执往往前后相矛盾。尝自言曰："不惜以今日之我，难昨日之我。"世多以此为诟病，而其言论之效力以往往相消，盖生性之弱点然矣。……启超自三十以后，已绝口不谈"伪经"，亦不甚谈"改制"。而其师康有为大倡设孔教会定国教祀天配孔诸议，国中附和不乏。启超不谓然，屡起而驳之。……启超之在思想界，其破坏力确不小，而建设则未有闻。晚清思想界之粗率浅薄，启超与有罪焉。……启超务广而荒，每一学稍涉其樊，便加论列，故其所著述，多模糊影响笼统之谈，甚者纯然错误。及其自发现而谋矫正，则已前后矛盾矣。平心论之，以二十年前思想界之闭塞委靡，非用此卤莽疏阔手段，不能烈山泽以辟新局。就此点论，梁启超可谓新思想界之陈涉。

梁启超的这一大段自我品评，显示了他的自知之明。的确，他为学兴趣广泛，思想驳杂，古今中外、天文地理、文史哲经、儒道佛法，他都有浓厚的兴趣。但不少文章，是遇事辄发的急就章，因而也显得粗率浅芜，深度不够。不过，应该承认，他在中国近代思想学术史上开风气之先的作用是无人堪比的。就此意义而言，他自喻为"新思想界之陈涉"是一个比较恰当的定位。

《清代学术概论》的可贵之处还在于，它是我国近代第一部比较系统全面地总结有清代近三百年学术思想发展史的著作。虽然分量不大，但内容却比较全面，囊括了哲学、经学、史学、文学、佛学、美术、考古学、地理学、金石学、文献学等人文社会科学，同时兼及历法、算学、水利等自然科学。它不仅力求把每一时代的学术作为思潮进行总的历史考察，探寻其起因、特点和衰落的根源，而且对各个时代每一学科的代表人物及其著作加以细致的剖析，给他们以适当的历史地位。所以，它不失为研究清代学术思想史的开拓性著作。自然，由于梁启超是一个资产阶级学者，他不可能对清代学术思想史作出马克思主义的阶级分析和历史主义的分析，因而在该书中也有不少唯心论的糟粕。如精神万能、英雄史观、地理环境决定论等观点就随处可以找到。同时由于梁启超又毕竟属于今文经学一派，因而在不少地方还摆脱不了今文经学一派的束缚，这既表现在他对今文经学派代表人物往往出格的赞扬上，也表现在他对古文经学派代表人物的某些偏见上。尽管如此，由于它具有上面提到的许多可取之处，《清代学术概论》仍不失为中国近代学术史上一个值得珍视的精品。

三、佛学与墨学研究

我国近代资产阶级改良派的代表人物，尤其是它的思想家康有为、梁启超、谭嗣同、夏曾佑诸人，都对佛学有着极其浓烈的兴趣。这是因为佛学那一套空灵的唯心主义，其齐物我、齐生死、众生平等、极乐世界的说教，其冥想顿悟先验论，恰恰都能成为改良派附会自由、平等、博爱的材料。

康有为思想的重要来源是佛学。谭嗣同《仁学》中充满着对佛学的由衷赞美。在梁启超的《悼亡友夏穗卿先生》一文中，曾以异常生动传神的笔触，描述了他们这样一群改良派志士们在戊戌变法前苦嗜佛学、热心研读佛典的动人情景。后来，随着他们改良派的理想一再碰壁，他们对佛学的兴味却不断加浓。这时，佛学显然已经成为他们悲观、无奈和脆弱心灵的寄托了。

梁启超早年就十分迷恋佛学，后来历久不衰，晚年弥笃。1902年他写的《论佛学与群治之关系》，就是一首对佛学的赞美诗。虽然从戊戌变法至1917年前的梁启超一直处于政治斗争的漩涡中。无暇系统地研读佛经，但在此期他发表的不少文章中，都可以看到佛学的影响。1920年欧游归来后，梁启超开始集中系统地研读佛经，并围绕着编著《中国佛教史》写了30多万字的文章。其中有关中国和印度佛教史的论文、佛教经义的阐释以

1902年梁启超摄于加拿大温哥华

及佛学典籍的考释等，集中展示了梁启超在佛学问题研究上的成就。在这些论著中，不少有着较高的学术价值。如《中国佛法兴衰演革说略》，简明扼要地叙述了佛教传入中国后的发展史，探索了它何以在南北朝时期迅速发展而在唐代达到顶峰，后来又为什么趋向衰落。其中，不少观点是很有价值的。例如关于南北朝佛教发达的原因，梁启超作了这样的论述：

> 季汉之乱，民瘼已甚。喘息未定，继以五胡。百年之中，九宇鼎沸。有史以来，人类惨遇，未有过于彼时也。一般小民，汲汲顾影，旦不保夕。呼天呼父母，一无足怙恃。闻有佛如来能救苦难，谁不愿托以自庇？其稔恶之帝王将相，处此翻云覆雨之局，亦未尝不怵祸害。佛徒悚以果报，自易动听，故信从亦渐众。……其在"有识阶级"之士大夫，闻"万行无常诸法无我"之教，还证以己身所处之环境，感受深刻，而愈觉亲切有味。……信仰佛教者，什九皆以厌世为动机，……故世愈乱而逃入之者愈重。（《合集·专集之五十一》）

这些论断，虽然未能括尽全部原因，其中最重要者——统治者以佛教作为欺骗愚弄劳动人民的工具也未涉及，但仍然在很大程度上揭示了历史真相。

再如《汉明求法说辨伪》《四十二章经辨伪》《牟子理惑论辨伪》《佛教与西域》《中国印度之交通》《佛教教理在中国之发展》《翻译文学与佛典》《佛典之翻译》等，都是用新的观点和方法研究佛教史和佛典经义的重要著作，其中不乏有价值的学术观点。如谈到翻译佛经对中国语言文学的影响时，梁启超正确地指出，它丰富了中国的语汇，促成了"国语实质之扩大"和"语法及文体之变化"，促进了"文学的情趣之发展"。对文艺创作影响尤其深巨："此等富于文学性的经典，复经译家宗匠以极优美之国语为之迻写，社会上人人嗜读。即不信解教理者，亦靡不心醉于其词缋。顾想象力不期而增进，诠写法不期而革新，其影响乃直接表见于一般文艺。我国自《搜神记》以下一派小说，不能谓于《大庄严经论》一类之书无因缘。而近代一二钜制《水浒》、《红楼》之流，其结体运笔，受华严涅槃之影响者实甚多。即宋元明以降，杂剧传奇弹词等长篇歌曲，亦间接汲佛本行赞等书之流焉。"（《合集·专集之五十九》）这些论断，基本上都是符合实际的。后来梁启超一些研究佛教史和佛教经义的文章，如《见于高僧传中之支那著述》《大乘起信论考证序》《佛教心理学浅测》《支那内学院精校本书后——关于玄奘年谱之研究》《大宝积经迦叶品梵藏汉文六种合刻序》《佛家经录在中国目录学之位置》等，也都具有一定的学术价值。梁启超指出佛教经义中存在的心理分析，探寻了佛教经典中如何利用人类的意识活动论证物质世界全是人的主观意识的虚幻这样一种唯心论本质。从这些文章中，我们可以看出梁启超在佛学上的深厚修养。

但是，梁启超在佛学上的丰富知识不仅没有促使他走向对佛学唯心主义的批判，恰恰相反，却助长了他对佛学日益加深的迷信。他赞扬佛教是什么"以中庸实践为教"，是什么"理论与实践""调和"。对佛学的"因缘观""无常与无我"之类说教以及生死轮回、因果报应等的神道迷信，他一概加以毫无保留的颂扬。他说："佛教是建设在极严密极忠实的认识论之上，用巧妙的分析法解剖宇宙及人生成立之要素及其活动方式更进而评判其价值，因以求得最大之自由解放而达人生最高之目的也。"（《合集·专集之五十四》）梁启超特别把佛学对于人类主观意识的分析附会成近代西方的心理学，大加赞扬："窃尝论之，欧洲所谓心理学者，近数十年来始渐成独立之一科学。其在印度，则千五百年以前殆以大成。"认为印度佛学"对于心理之观察分析，渊渊入微。以校今欧美人所论述，彼盖仅涉其樊而未窥其奥也"。（《合集·专集之六十四》）在《佛教心理学浅测——

从学理上解释"五蕴皆空"义》一文中，他肯定佛学对心理的分析"是极科学的"："若就心理构造机能那方面说，他们所研究自然比不上西洋人。若论内省的观察之深刻，理论上设施之精密，恐怕现代西洋心理学大家还要让几步哩。"（《合集·专集之六十八》）如果从心理学发展史看，佛学对人类意识要素构成的分析无疑是有一定贡献的，但其前提却是唯心主义的，所以很难谈得上科学性。即使与近代西方资产阶级的心理学相比，佛学也是略差一筹的。梁启超对佛学的五蕴——色、受、想、行、识逐一加以解释，最后的结论是："所谓人生，所谓宇宙，只是事情和事情的交互，状态和状态的衔接，随生随住随变随灭，随灭随复生。便是五蕴皆空的道理，也便是无我的道理。"了解了五蕴皆空的道理以后，人们应该持有怎样的人生态度呢？梁启超的回答是无我：

　　我们因为不明白五蕴皆空的道理，误以为五蕴相续的状态为我，于是生出我见。因我见便有我痴我慢。我痴我慢的结果，不惟伤害人，而且令自己生无限苦恼，其实这全不是合理的生活。因为"他所缘境界非真实违逆众生心"人类沉迷于这种生活，闹到内界精神生活不能统一，长在交战混乱的状态中。所以如此者，全由不明真理，佛家叫他无明。我们如何才能脱离这种无明状态呢？要靠智慧去胜他。最关键的一句话是"转识成智"。怎样转识成智呢？用佛家所施设的方法虚心努力研究这种高深精密心理学，便是最妙法门。（《合集·专集之二十八》）

梁启超在这里可谓抓住了佛学的真谛：客观世界的一切，包括我自己在内，都是我的主观意识的产物。"有我"是一切苦恼的根源。忘掉自己，把尘世的一切都在自我意识中幻化成"无"，尘世的压迫与不平、个人的忧患和苦乐就统统不存在了。

1924 年，印度著名诗人、诺贝尔文学奖获得者泰戈尔来中国访问和演讲。梁启超全程陪同，并给泰戈尔取了一个中国名字"竺震旦"。在北京师范大学举行的欢迎泰戈尔的大会上，梁启超做了题为《印度中国文化之亲属的关系》的演讲。在演讲中，他论述了中印两个古老的伟大民族间源远流长的经济文化交流关系：从音乐、建筑、绘画、雕刻、戏曲、诗歌和小说、医学、字母到著述体裁、教育方法、团体组织十二个方面，全面分析了印度文化对中国文化的影响。他的论断基本上都是符合历史事实的。但是，当话题转到对佛教的看法时，梁启超的宗教热，尤其是他对佛教的笃爱立刻就强烈地表现出来。他认为印度文化对中国文化的影响，其最大的方面就是佛教的传入。而佛教教给我们"永世不能忘的东西"有两点："一、教给我们知道有绝对的自由——脱离一切遗传习惯及时代思潮所束缚的根本心灵自由，不为物质生活奴隶的精神自由。总括一句，不是对他人的压制束缚而得解放的自由，乃是自己解放自己'得大解脱''得大自在''得

1924年，梁启超接待来访的印度大诗人泰戈尔

大无畏'的绝对自由。""二、教给我们知道有绝对的爱——对于一切众生不妒不恚不厌不憎不诤的纯爱，对于愚人或恶人悲悯同情的挚爱，体认出众生和我不可分离'冤亲平等''物我一如'的绝对爱。"(《合集·文集之四十一》)这里，梁启超对佛教本义的概括虽然切中肯綮，但绝对的自由和绝对的爱，只能存在于宗教的幻想中，在现实生活中是根本不可能存在的。此时的梁启超如此痴迷地鼓吹这种美妙的海市蜃楼，大概是为了安慰自己那饱经风霜的心灵，追求虚幻的解脱。梁启超一生佞佛，所不同的是，前期他是用"佛学注我"的今文经学的老法门对待佛学，将其融汇于自己改良派的理想之中；后期随着改良派理想的破灭，则逐渐走向"我注佛学"，在佛教唯心论的幻海中寻求心灵的安慰了。

梁启超对墨学的兴趣较早就产生了。1904 年，他就写了《子墨子学说》一文，对墨子的人格和事业都做了很高的评价。1920 年至 1921 年间，他曾集中精力研究过墨子，并与胡适、章士钊、章太炎等书信往还，讨论墨子的著作和思想。在清代后期兴起的墨学热衷，梁启超是重要的推动者之一。他在汪中、毕沅、孙诒让等人校释的《墨经》基础上，取诸家之长，自发新义，写出了新的《墨经校释》，是墨学研究领域的重要成果，至今对研读《墨经》还有很大的帮助。

梁启超对墨子思想的研究集中在两篇著作中。一是上面提到的《子墨子学说》，二是 1921 年问世的《墨子学案》。梁启超对墨子思想十分推崇，他认为，虽然自秦汉以后墨学衰落，后继无人，但它深巨的影响却渗透到我们民族的精神之中。我们人民舍己利人的优秀品质来自墨子思想的陶冶，而反对穷兵黩武、英勇保家卫国、民族英雄受到普遍颂扬的优良传统也发源于墨子的思想。梁启超对墨子思想的不少看法有着很高的学术价值。例如，他正确指出，墨子思想并不代表当时的统治阶级，它与代表贵族利益的孔子和老子思想是对立的："他觉得旧社会整个要不得，非从根本推翻改造不可。所以他所提倡的几条大主义，条条都是反抗时代潮流，纯带极端革命的色彩。革除旧社会，改造新社会，就是墨子思想的总根源。"(《合集·专集之三十九》)梁启超认为墨子学说的根本观念是"兼爱"，其他如"非攻""非乐""节用""节葬""天志""明鬼""非命"等，都是从"兼爱"衍生出来的。梁启超也同时指出"兼爱"的空想性，认为在当时的历史条件下这种理想根本是无法实现的。但进一步，他也看出了墨子以"兼"易"别"的积极意义，在于打破奴隶主贵族"爱有等差"的等级制度，显示的是一种朴素的平等观。

梁启超看到了墨子思想中"非命"和"天志""明鬼"的矛盾。他赞扬"非命"是"墨学与儒学反对之一要点"，与孔子所认定的"死生有命，富贵在天"是完全对立的，因而是"救时最适之良药"，对启发被压迫被剥削者反对当权者，启发志士仁人冲破传统、致力于变革都是有启迪意义的。所以他推尊墨子的"非命"是"千古雄识"，因为它"直捣儒道两家的中坚，与社会最为有益。'命'是儒家根本主义之一，儒说之可议处，莫过此点。我国几千年的社会，实在被这种'命定主义'阻却无限的进化。墨子大声疾呼排斥他，真是思想界一线曙光。"(《合集·专集之三十九》)他认为"天志""明鬼"没有什么价值，完全是墨子思想中的糟粕。在梁启超看来，"天志""明鬼"论不能在"学理上求答案"，"乃在极粗浅的经验论上求答案"，结果是"罅漏百出"，陷于无法解决的矛盾之中。墨子本意是把"天志""明鬼"作为"维系人心"，推行其政治理想的工具，但由于"这种宗教思想，纯是太古的遗物"，其"后援力"异常"薄弱"，根本就起不到预想的作用。梁启超的这一观点，较之推尊"天志""明鬼"是"工具理性主义"的论点，显然是更接近实质的认识。

梁启超还探索了墨子的社会政治学说，认为墨子的"选择天下贤良圣知辨慧之人，立以为天子，使从事乎一同天下之义"的国家起源论，很有点像"民约论"，较之"天生民而立之君"的神权起源说和"国之本在家"的家族起源说要进步得多。墨子的"尚贤"说要求打破"亲亲尊尊"的贵族对政治的垄断，同样也具有进步意义。梁启超同时指出，墨子鼓吹"上之所是，下必是之；上之所非，下必非之"、"上同而下不比"，就是"叫人民跟着皇帝走"，实质上仍然是专制主义，所以墨子要建立的理想社会也就只能是"平等而不自由的社会"。这种对"尚同"论的批判，触及墨子理想中的君主专政的本质，比硬将"尚同"与"古代民主"拉在一起的论点高明多了。

对墨子"节用""节葬""非乐"的社会经济思想，梁启超有条件地赞扬了他从"功利"出发的一些命题，如"赖其力则生，不赖其力则不生""各从事其所能""有余力以相劳，有余财以相分"等。但也批评了墨子功利主义的狭隘性，批评了他的"非乐"，梁启超认为只"拿人类生存必要之最低限度做标准"，就必然产生许多流弊。墨子"只看见积极的实利，不看见消极的实利。所以弄到只有义务生活，没有趣味生活"，（《合集·专集之三十九》）在实际上是绝对行不通的。

梁启超以上这些对墨子思想的评价，作为一种学术观点自然还有商榷的余地，但这些观点确实表现了他的真知灼见，在许多方面都超越了前人。此外，梁启超对墨子及其后学在认识论、逻辑学以及物理、几何、光学等方面的许多成就都做了充分的肯定，字里行间洋溢着炽烈的民族自豪感。所有这一切，都为后人进一步研究墨子及其著作和思想提供了重要启迪和资鉴。

但是，也必须看到，梁启超的墨学研究也不可避免地存在偏见和局限，在方法上也不时显出"六经注我"的今文经学的缘饰附会。例如，他把墨子的"兼爱"理想说成是与"现代社会主义的意义是相符合的"，又说墨子是小基督徒和"古代的大马克思"，而在论到"尚同""尚贤"时，就将其同"俄国的劳农社会"相比附了。

四、先秦社会史和思想史研究

梁启超对中国历史的兴趣是相当广泛的，曾有志编著一部大型的综合的中国通史，但因种种原因没有完成，在他留下的历史研究成果中，对先秦史和近代史的研究占了较大比重。而对这两个时代的研究，又集中在思想史方面。

梁启超重视先秦社会史的研究，其中较早就注意了对民族史的探索。1906年他写了《历史上中国民族之观察》，1920年又写了《中国历史上民族之研究》。在这两篇文章中，梁启超虽然还不能完全摆脱大汉族主义的局限，对国内少数民族流露出某些偏见。但他基本上能以发展变化的观点，依据大量的史料，紧紧抓住中国境内以汉族为主体的各民族不断融合发展的线索，真实地揭示了中华民族形成和发展的历史。他热情地歌颂了民族融合对中国经济文化发展所起的促进作用，预言中华民族进一步融合

1906年梁启超与思成（左一）、思顺（左四）、思永（左三）合影于东京。

的趋势及其光明的前途。在客观上批判了狭隘民族主义和"非我族类，其心必异"的"夷夏之辨"。

1920 年以后，梁启超写了《太古及三代载记》《春秋载记》和《战国载记》，比较系统地论述了先秦的历史。他用进化论作指导，以发展的眼光考察了中国原始社会的基本状况以及由原始社会向文明社会的过渡。他纠正中国古代史学对原始社会的理想化臆猜，驳斥了西方学者杜撰的"中国文化西来说"，以有力的论据证明中国文明的多元化起源和走向融合统一的发展。他认为传说中的三皇五帝的世系谱牒都是后人的杜撰，"皆由以后之大一统政象，推诸古而强求其合"，实际上"古代族群并立，地丑德齐，率土一王，绝无其事"。（《合集·专集之四十三》）因而应该恢复原始社会的本来面目，不要把神话当成信史，刻意搜求，妄加论证。他说："诚能熟察部落政治之状态，则观籍中所传古酋种姓之繁多，推见初民万芽齐苗之象。观其递兴迭作，可想见诸部落交通竞争之迹。因其异说之纷絮，益知其年代之绵远。如是则古史之印象，既已略具矣。"（《合集·专集之四十四》）把原始社会的历史从神话和传说的迷雾中解放出来，梁启超做出了他的贡献。从一定意义上说，梁启超的这些观点是后来以顾颉刚为代表的"古史辨派"辨证古史的先导。

《纪夏殷王业》认为中国历史"王天下自大禹始"。夏朝较之前代，有四点区别，即"定九州贡献之制""封建制度实始萌芽""定畿甸与各州相维之制""传子之局"。结果是"国家体制始具"。显然，梁启超已经朦胧地意识到，夏朝作为中国历史上第一个阶级社会，已具备了强力的管理机构，并且不是以血缘关系而是按地域来划分和管理臣民了。他极力地颂扬大禹的功业："大禹所以能创此大业，固由社会进化自然之运，而实则大禹之人格有以铸成之。""大禹之事功，为中国物质上统一之基础。大禹之德性，为中国精神上统一之基础也。故其德合帝，惟禹与舜称大；

其功迈皇，惟禹与农称神。"对殷代历史的述评，也显示了梁启超的独异匠心。在对伊尹大力表彰的同时，他对纣王也作了比较接近事实的评价："纣诚无道，而传说亦不免铺张""尤可异者，所传桀、纣二王之恶德，皆两两相当，若合符契，此可见皆出后圣垂戒之言，非尽实录也。"(《合集·专集之四十四》) 这是近代史学家中较早给纣王的辨诬。

在《春秋载记》中，梁启超考察了春秋时期的历史特点，认为那是一个"列国篡弑攻伐"迭起、戎狄等少数民族异常活跃、兼并之风盛行、霸政全盛的时代。而在列国林立、战乱频仍中，孕育着统一的种子："夫无兼并则无霸政，兼并盛而霸政不得不起。兼并者封建之极蔽，而霸政者大一统之前驱也。"(《合集·专集之四十五》) 这些观点闪烁着朴素辩证法的光芒。

在《战国载记》中，梁启超详细叙述了列国间的战争，分析了连横与合纵的斗争，论证了秦并六国、完成统一中国大业的必然性，其中不少观点是可取的。例如，他认为经过战国时代的战乱纷争，中国历史形成了走向统一的趋势，这既不是哪一个人的力量所能阻挡的，也不是哪一个人的力量所能完成的。谁出来完成统一大业，都是走历史必由之路："天下之趋统一，势也。不统于秦，亦统于他国。而统一之愈于纷争，则明其也。天将假手于秦以开汉以后之局，夫谁能御之？而秦与他国，又何择焉。"(《合集·专集之四十六》) 尽管秦朝实现统一的形式是横暴的，但其进步意义必须肯定：

> 后之读史者，虽五尺之童，咸知哀六国而憎秦。夫疾强暴，悯微弱，人性亦然矣。虽然，假长此不获统一，岁岁交糜烂其民而战之，其惨状将伊于胡底？而在六七专制君主之下，重以各地大小之封君，徭役供亿，民又何以堪命？其他若曲防遏籴，关讯市征，各自为政，民之患苦，亦

何可量？故孔子尊大一统，孟子称定于一。秦并六国，实古代千余年大势所趋，至是而始成熟。非始皇一人所能为，并非秦一国所能为，其功罪尤非一人一国所宜任受也。（《合集·专集之四十六》）

梁启超简要评述了秦始皇统一之后在位12年的各项政策措施，充分肯定了他在巩固统一、强化中央集权、促进民族融合、推动经济文化发展等方面所起的进步作用。同时，对秦始皇"纵欲无度，用民不惜其力""严刑峻法""网益密而罪益繁"的罪恶活动进行了批判。对于后代史家几乎众口一词痛加詈骂的"焚书坑儒"，他提出了是坑儒而非焚书的独特观点。他认为当时被坑之儒，或者"如汉时文成五利之徒，左道欺罔，邪诡以易富贵"，或者"袭当时纵横家余唾，揣摩倾侧，遇事生风"，或者"如叔孙之徒，迎合意旨，苟以取荣"，而"始皇一坑，正可以扫涤恶氛，惩创民蠹"，因而"功逾于罪"。"夫焚书则不然，其本意全在愚民，而其法令施行，遍及全国。当战国之末，正学术思想磅礴勃兴之时，乃忽以政府专制威力，夺民众研学之自由，夭阏文化，莫此为甚。而其祸最烈者，尤在灭绝诸国史记"。"秦燔史记，而千余年先民进化之总记录，一举而尽。汉后学者，乃不得不抱残守缺，悴心力于摭拾考据。否则为空衍冥漠之论而已。学术正始敷荣而摧挫之，是始皇之罪也夫。"（《合集·专集之四十五》）以上评论，虽未必精当，但较之那种对"焚书坑儒"绝对肯定或绝对否定的观点，理由似乎更充分一点。最后，对秦始皇这个毁誉纷纷的历史人物，梁启超给了一个"功过不相掩"的评价：

秦始皇宁为中国之雄，求诸世界，亦罕见矣。其武功焜耀众所共知不必论，其政治所设施，多有皋牢百代之概。……汉制什九皆秦制。……而治二千年来之中国，良未易出其范围。……则始皇可厚非乎哉？其所短者，主我意力，强乎过度。狃于成功，谓君权万能。天下万事万物，可以随吾意所欲变置之。含生之俦，悉吾械器。骄盈之极，流为侈汰。专恣之余，重以忌刻，此其所以败也。（《合集·专集之四十六》）

这些观点应该说基本是正确的。

总起来说，梁启超在先秦社会史研究上的贡献，集中表现在他把原始社会的历史从神秘的氛围中解放出来，还它以比较接近事实的面貌。他批判了儒家诋霸政、詈战争、颂仁义、歌王政的传统观点，适当地肯定了霸政和征伐在中国统一过程中的作用。梁启超笔下的先秦史，上帝的意旨基本上已经被清除出去，历史已经恢复到人类自己的历史。更重要的是历史已经从静止和循环状态下解脱出来，变成了一个生动活泼的发展过程。所有这一切，都包含着相对真理的种子，与封建史家笔下的历史相比，它更接近历史的真实。

梁启超对先秦思想史的研究，较之先秦社会史，花了更大的功夫，也取得了更大的成就。早在 1902 年，他在《论中国学术思想变迁之大势》一文中，就对先秦思想史提出了许多精辟的见解。此后，他对先秦思想史一直保持着浓厚的兴趣，倾注了不少热情和精力。1920 年，他写了《老孔墨以后学派概观》，对孔子、老子和墨子之后儒、道、墨三个学派的发展、演变进行了比较详细的考证。1926 年，他结合讲课，写了《先秦学术年表》《庄子天下篇释义》《荀子评诸子汇释》《韩非子显学篇释义》《尸子广泽篇吕氏春秋不二篇合释》《淮南子要略书后》《司马谈论六家要旨书后》《史记中所述诸子及诸子书最录考释》《汉书艺文志诸子略考释》《汉志诸子略各书存佚真伪表》《考诸子略以外之现存子书》等文章，对先秦两汉学人关于先秦两汉学术思想的论述加以评介，对先秦思想史资料的真伪和价值进行考证与述评。其中不少意见具有一定的学术价值。如论及《汉书·艺文志》的缺陷，说："其批评各家长短得失，率多浮光掠影语，远不如司马谈之有断制，更无论《庄子·天下篇》、《荀子·解蔽篇》也。其书各派渊源所自，尤属穿凿附会。吾侪虽承认古代学术在官府，虽承认春秋、战国间思想学术渊源多少总蒙古代官府学派之影响，但断不容武断某派为必出于某官。……志所云云，实强作解事也。"（《合集·专集之八十四》）这的确是击中要害的。

梁启超研究先秦思想史的代表作，是他先后在清华、南开等学校讲授，而于 1922 年整理出版的专著《先秦政治思想史》。在该书序言中，他毫不隐讳自己研究先秦政治思想史的目的是"药现代时弊"，但在研究方法上，他又标榜纯客观主义。他说："科学所以成立，全恃客观的研究精神。社会科学比诸自然科学完成较晚者，因社会事项，最易惹起吾人主观的爱憎。一为情感所蔽，非惟批评远于正鹄，且并资料之取舍亦减其确实性也。一切社会科学皆然，而政治上理论，出入主奴之见尤甚。"因此，他决心"保持极冷静的头脑，专务忠实介绍古人思想之真相，而不以丝毫自己之好恶夹杂其间，批评愈少愈妙。必不得已而用，亦仅采引申说明的态度"。同时，决不采取以古类今的办法，搞什么"尧舜禅让，即是共和，管子轨里连乡，便为自治"之类的比附。"断不容以己意丝毫增减古人之妍丑，尤不容以名实不相副之解释，致读者起幻蔽"。这话说的虽然非常正确，但在"药现代时弊"的大目标下，梁启超的纯客观主义是无法贯彻到底的。实际上，洋溢在全书的字里行间，充溢着他对儒学的特殊感情，洋溢着对"礼治主义"的由衷赞美。更由于他缺乏明晰的科学概念，不伦不类的比附也不时出现。如他认为"孔、墨、孟、荀、商、韩以至许行、白圭之徒，其所论列，殆无一不带有社会主义色彩"，就是典型一例。

《先秦政治思想史》贯穿着社会意识决定社会存在的理念。他说："政治是国民心理的写照，无论何种形式的政治，总是国民心理积极的或消极的表现。"因而，"研究政治，最要紧的是研究国民心理。要改革政治，根本要改革国民心理"。以此为出发点，他解释中国所以从周秦以来就是一个统一的国家，"虽物质上环境促成之者亦与有力，然其最主要之原因，则圣哲学说能变化多数人心理，抟之以为一也"。用心理解释统一，不是全无道理，但却是本末倒置。因为无论政治还是心理，作为上层建筑，都无不受制于社会的经济基础。

梁启超进而把思想分为两类，"一曰个人的思想，二曰时代的思想。个人的思想，为大学者或大政治家脑力所产物，其性质为有意识的创造。时代的思想，由遗传共业及社会现行习俗制度混织而成，其性质为无意识的演进。两者亦常有交光的关系，个人能开拓时代，时代亦孕育个人"。这里，梁启超看出个人思想与时代思想的联系和区别，当然是有意义的。但每个时代的个人思想和时代是无法决然分开的。个人思想都打着时代的烙印，而时代思想，即每个时代占统治地位的思想，又往往通过这个时代占统治地位阶级的杰出思想家，以个人的思想形式表现出来。如春秋、战国时代新兴地主阶级要求革命和进步的思想，就是通过商鞅和韩非这样一批杰出人物以法家学派的思想形式表现出来。

梁启超认为先秦政治思想有三大特色，即世界主义、平民主义、民本主义或社会主义：

"此三种主义，为我国人夙所信仰，无论何时代何派别之学者，其论旨皆建设于此基础之上。"他还认定中国在两千年前就消灭了阶级，成为自由平等的社会："除却元首一人外，一切人在法律之下皆应平等，公权私权皆为无差别的享用。乃至并元首地位，亦不认为先天特权，而常以人民所归向所安习为条件。此种理想，吾先民二千年前，夙所倡导，久已深入人心，公认为天经地义。"在论述殷周以来的民本思想时，梁启超根据《周官·小司寇》的"询国危""询国迁""询立君"的记载，就下结论说："由此观之，古代人民，最少对于此三项大政，确有参与之权。"这显然是将殷周时期的中国社会理想化了。

尽管《先秦政治思想史》存在不少政治和学术观点上的偏见，但它依然留下许多值得珍视的东西。该书贯穿着深刻的发展观点，从历史的发展变化中去研究政治思想的发展，阐明其由低级向高级的前进运动。梁启超取舍材料比较精当，运用材料比较谨慎，对每个思想家政治思想的考察，总是同他的哲学、经济等思想和当时的政治、法律制度联系起来，使人们对他们的全貌有一个比较清晰的了解。梁启超将先秦思想与希腊、罗马古代思想对比研究，竭力寻找中国古代思想的特点。他认为中国古代的思辨哲学不发达，没有着力于关于世界本原等问题的探索，而是"以研究人类现世生活之法理为中心"。他把儒、墨、道、法四大学派的政治思想概括为：儒家是礼治主义和人治主义，墨家是人治主义和法治主义，而道家和法家则分别是无治主义和法治主义。这基本上是符合事实的。

对于先秦各学派政治思想的特点，梁启超也有比较接近事实的归纳。关于儒家，他说："要而论之，儒家之言政治，其唯一目的与唯一手段，不外将国民人格提高。以目的言，则政治即道德，道德即政治。以手段言，则政治即教育，教育即政治。道德之归宿，在以同情心组成社会。教育之次第，则就各人同情心之最切迫最易发动者而瀹启之。"这大体上符合孔孟为代表的先秦儒家礼治主义的特点。他也认识到荀子"援法入儒"的事实，说荀子之礼法"其性质实极相逼近"。梁启超在先秦各学派中最推崇儒家，他认为"民可使由之，不可使知之"不能解释成"愚民政策"，而应解释为"可以有法子令他们依着这样做，却没有法子令他们知道为什么这样做"。但也认为儒家并不提倡"民权"，至多是倡导"保民而王"。他虽然对法家倡导的极端专制主义力加抨击，但仍能较公正地指出其中的合理因素：

法家起战国中叶，逮其末叶而大成。以道家之人生观为后盾，而参用儒墨两家正名覈实之旨，成为一种有系统的政治学说。秦人用之以成统一之业。汉承秦规，得有四百年秩序的发展。盖汉代政治家萧何、曹参，政论家贾谊、晁错等，皆用其道以规画天下。及其末流，诸葛亮以偏安之局，犹能使"吏不容奸，人怀自厉"，其得力亦多出法家。信哉卓然成一家之言。直至今日，其精神之一部分，尚可以适用也。

事实是，在汉以后，虽然法家作为一个学派是不存在了，但它的法制精神却被历代统治者所承袭运用，构成他们统治方略的重要组成部分。这一方面，梁启超比较准确地看到了。

梁启超也比较准确地看到先秦各学派在斗争中互相融合、互相渗透、互相吸纳的事实。他认为法家是"儒、墨、道三家之末流嬗变汇合而成"，它从儒家学说中吸取了"正名定分"，从道家那里吸取了"我无为而民自正"的"自然法"，并使之变成"人为法"。法家与道家的渊源比任何其他学派都深，所以后世往往将法家称为"黄老刑名之学"。对此，梁启超这样解释："《史记》以老庄申韩同传，后人往往疑其不伦。其实不然。《韩非子》世公认为法家之集大成者也，而其书有'解老''喻老'等。《淮南子》，道家言之渊府也，而书中主张法治者最多。盖道、法二家，末流合一，事实昭然也。夫以尊自由、宗虚无之道家，与主干涉综覈名实之法家，其精神若绝不相容，何故能结合以冶一炉耶？此研究古代学术最重要且最有趣之一问题也。以吾观之，两宗有一共同之立脚点焉，曰'机械的人生观'。道家认宇宙为现成的，宇宙之自然法，当然亦为现成的。人类则与万物等夷，同受治于此种一定的因果律之下，其结果必与法家所谓法治思想相契合而冶为一。"梁启超认为法家从墨家那里继承的最重要的理念是"尚同"："法家所受于墨家者何耶？墨家以尚同为教，务'壹同天下之义'。其最后目的，乃在举人类同铸一型。夫欲同铸焉，固非先有型不可，则'所若而然'之'法'，其最必要矣。"这种既把法家看成一个独立的学派，又把法家思想的继承渊源认真厘清的做法，较之那种只讲学派间的对立斗争，否认他们之间互相影响和吸收的观点，更真实地揭示了历史真相。在谈到各家的教育思想时，梁启超认为，道家主张的是毁灭教育的愚民政策，墨家主张的是"天志""明鬼"的宗教教育，法家坚持的是"以法为教""以吏为师"的法权教育，都是不足取的。只有儒家倡导的人格教育，才是一种最理想的教育。应该看到，尽管梁启超对各家教育思想的概括还不够科学，但他认为儒家教育思想中可继承的精华最多的观点还是正确的。因为在先秦各学派中，最重视教育的是儒家，教育实践最多的是儒家，教育思想最丰富而其合理内核最多的也是儒家。

五、《中国近三百年学术史》

1920年，梁启超写了近代学术史上很负盛名的《清代学术概论》。四年之后的1924年又整理出版了他在清华等学校的讲义《中国近三百年学术史》。尽管两书的研究对象是一致的，都是从明末到民国初年的学术发展史。而在两书中体现的治学理论和方法也大体一样。但由于两书的重点有所不同，它们都有存在的价值，都是梁启超学术论著中的佳品，同样值得后人珍视。《清代学术概论》篇幅较短，言简意赅，是此期学术的鸟瞰图，重点在"论"。《中国近三百年学术史》篇幅较多，内容充实，是此期学术的展览馆，重点侧重于"史"。前者高屋建瓴，气势非凡，论锋慑人；后者侃侃而谈，循循善诱，学识服人。二书虽然风格不同，但却是各有千秋，都显示了梁启超渊博的学识和高超的手笔。

梁启超认为，"著学术史有四个必要的条件。第一，叙一个时代的学术，须把那个时代重要各学派全数网罗,不可以爱憎为去取;第二,叙某家学说,须将其特点提挈出来,令读者有很明晰的观念;第三,要忠实传写各家真相,勿以主观上下其手;第四,要把各人的时代和他一生经历大概叙述,看出那人的全人格。"梁启超在该书中基本上贯彻了他手定的这四项基本原则。开始,他用四节的篇幅,全面地论述了"清代学术变迁与政治的影响",认为从明末至清末,中国学术界是沿着"经世致用"的路子来了一个否定之否定。从密切联系现实的顾炎武、王夫之、黄宗羲等的"经世致用"之学,到乾嘉时期几乎与现实完全脱节的"汉学",再到道咸以来崛起、至晚清蔚为大观的以变法维新为目标的近代今文经学的变迁,既受学术本身发展的内在逻辑制约,更受发展变化的政治形势的影响。对于明末清初学风转化的原因,梁启超认为当时学者"虽生长在阳明学派空气之下,因为时势突变,他们的思想也像蚕蛾一样,经蜕化而得一新生命。他们对于明朝之亡,认为是学者社会的大耻辱大罪责,于是抛弃明心见性的空谈,专讲经

梁启超47岁时摄于巴黎。此照寄赠二弟启勋

世致用的实务。他们不是为学问而做学问，是为政治而做学问。他们许多人都是把半生涯送在悲悯困苦的政治活动中。所做学问，原想用来做新政治建设的准备，到政治完全绝望，不得已才做学者生活。他们里头，因政治活动而死去的人很多，剩下生存的也断断不肯和满洲人合作。宁可把梦想的'经世致用之学'依旧托诸空言，但求改变学风以收将来的效果。""经世致用"学风之所以在康熙以后逐渐向考据学转化，是因为"康熙二十年以后，形势渐渐变了。遗老大师，凋谢略尽。后起之秀，半在新朝生长，对于新朝的仇恨，自然减轻。先辈所讲经世致用之学，本来预备推倒满洲后实见施行，到这时候，眼看满洲不是一时推得倒的，在当时政府之下实现他们理想的政治，也是无望"。"况且谈到经世，不能不论到时政，开口便触忌讳，经过屡次文字狱之后，人人都有戒心。一面社会日趋安宁，人人都有安心求学的余裕，又有康熙帝这种'右文之主'极力提倡，所以这时的学术界，……日趋于健实有条理。"咸同以后，乾嘉学风衰颓，而今文经学勃兴，其根本原因则在于清王朝走向没落，政府钳制权威陵替，再加西学的输入，"残明遗献思想之复活""于是因政治的剧变，酿成思想的巨变"。梁启超给清代学术变化寻出的这些政治原因，大体是符合事实的，而他从学术本身发展规律探寻出来的一些原因，更是颇有见地的。他还极力地寻求乾嘉时期只有考据学的畸形发展，而自然科学却未能发展的原因。他认为科举制度限制了人们对自然科学的探索，西方教会的内部斗争和清廷内部的帝位争夺截断了西方自然科学输入的源流，再加上中国知识界对"形而下"的自然科学的传统偏见，就使本来很有希望发展起来的自然科学夭折了。这些看法，较之《清代学术概论》前进了一步，内容也更加具体和丰富了，其中包含不少合理因素。

在本书中，梁启超几乎对清代所有各学派及其代表人物都进行了认真、全面和客观的评价。他用"阳明学派之余波及其修正"概括评价了黄宗羲、孙夏峰、李二曲、李穆堂等一大批思想家。把顾炎武、阎若璩、胡渭等作为清代经学的建设者给予了全面评价。对遁迹深山的王夫之和客死异国的朱舜水的思想、事功、节操列专节予以介绍。对史学家万斯同、全祖望、章学诚，程朱理学的流裔张杨园、陆桴亭、陆稼书，强调实习的颜习斋、李恕谷等，都给予一定的历史地位。同时，对在天文、历法、数学等自然科学领域有较高造诣的王锡阐、梅文鼎等，更是给予了很高的评价。由于梁启超的慧眼卓识，其对各个学派功过的估价，对每个思想家优劣的品评，往往比较中肯和公允。例如，他以三点准确地概括了顾炎武的学术贡献："一曰开学风，排斥理气性命之玄谈，专从客观方面研察事务条理；二曰开治学方法，如勤搜资料综合研究，如参验耳目闻见以求实证，如力戒雷同剿说，如虚心改订不护前失之类皆是；三曰开学术门类，如参证经训史迹，如讲求音韵，如述说地理，如研精金石之类皆是。"如他充分估价阎若璩《古文尚书疏证》的重大意义，直认阎为"近三百年学术解放之第一功臣"，同样是符合事实的。对颜习斋，梁启超一面赞扬他重"习"的重要意义，一面批评他把"习"局限在"古圣成法""唐虞三代实务"的复古倾向，这就比较全面和得体。梁启超善于把握每个思想家的特点，善于描绘他们独具的面貌。对方以智，他着重介绍其治学方法的"三尊"："尊疑""尊证""尊今"。对唐甄，则重点论述他批判帝制的民主思想，誉为"特识"。更难能可贵的是，梁启超写作《中国近三百年学术史》的时候，正是胡适等人，包括梁启超本人大吹整理国故的时候，乾嘉汉学也就成为他们着意讴歌的对象。即使如此，梁启超对乾嘉学派的根本缺陷也没有曲意回护。他一方面肯定乾嘉学派整理古代文献的贡献及其治学精神和治学方法给后人留下的资鉴，另一方面也指出他们背弃了清初学术经世致用的优良传统，思想僵化，在哲学和科学方面都没有作出大的贡献。在论到经学成绩时，梁启超毫不客气地说："平心论之，清代风尚所趋，人人争言经学，诚不免汉人'碎义逃难''说三字至二十万言'之弊。虽其间第一流人物，尚或不免，承流望风者更不待言。""他们若能把精力和方法用到别的东西，成就或者可以很大。仅用之几部古书，已经十分可惜。即以经学论，讲得越精细，越繁重，越令人头痛，结果还是供少数人玩弄光景之具，岂非愈尊经愈遭殃吗？依我看，这种成绩，只好存起来算做一代学术的掌故，将来有专门笃嗜此学之人，供他们以极丰富的参考。至于整理经学，还要重新辟一条路。令应读之经，人人能读而乐读。""大概在用简明的方法解释其文句，而用有趣味有组织的方法发明其义理"。这种评论是击中要害的。今天我们对经书的整理、注释，不也正应该力避烦琐，以简洁明捷便利后学么！

在"清代学者整理旧学之总成绩"的标题下，梁启超用了全书二分之一的篇幅详尽地评价了以乾嘉学派为中坚的清代学者在经学、小学、音韵学、校注古籍、辨伪书、辑佚书、史学、方志学、地理学、传记、谱牒学、历算学、乐曲学及其他学科的成绩。既有各个门类的综合述评，又有几乎每部著作的简要介绍，在一定程度上，可以说是清代学术著作的总目题要。对后人深入研究清代学术史，能够提供切实的帮助。在对许多具体问题的论述中，不时闪现梁启超的真知灼见，对后学具有很大的启迪作用。如他论述清人辨伪时，特将其与宋人辨伪进行有趣的比较："清儒辨伪工作之可贵者，不在其所辨出之成绩，而在其能发明辨伪方法而善于运用。对于古书发生问题，清儒不如宋儒之多而勇。然而解决问题，宋儒不如清儒之慎而密。宋儒多轻蔑古书，其辨伪动机往往由主观的一时冲动；清儒多尊重古书，其辨伪程序常用细密检查。"的确如此，宋儒以朱熹为代表，对古籍或其中的某些记载提出过大胆的怀疑，但缺乏详尽的论证。清代学者打着尊古的"汉学"旗帜，不仅对宋代学者提出的怀疑给以有力的考证，而且从宋儒的个别疑点扩展为对先秦文献的全面检查和清算。他们运用形式逻辑总结归纳的辨伪方法，直至今天也仍然行之有效。在论到清代史学时，梁启超痛心地指出清代学者对当代史噤若寒蝉的严重缺陷及其对后代造成的不良影响：

> 窃计自汉晋以来二千年，私家史料之缺乏，未有甚于清代者，盖缘顺康雍乾间文网太密，史狱屡起，"禁书"及"适碍书"什九属史部，学者咸有戒心。乾嘉以后，上流人才集精力于考古，以现代事迹实为不足研究。此种学风及其心理，遗传及于后辈，专喜栲撰残篇，不思创垂今录。呜呼！此则乾嘉学派之罪也。

这段话说的是很沉痛的。对于清代地理学的成绩和特点，梁启超也有很好的总结：

> 清儒之地理学，严格的论之，可称为"历史的地理学"。盖以便于读史为最终目的，而研究地理不过一种工具，地理学仅以历史学附庸之资格而存在耳。其间亦可略分为三期：第一期为顺康间，好言山川形势阸塞，含有经世致用的精神。第二期为乾嘉间，专考郡县沿革，水道变迁等，纯粹的历史地理矣。第三期为道咸间，以考古的精神推及于边徼，寝假更推及于域外，则初期之精神渐次复活。

综上所述，可以看出，作为《清代学术概论》姊妹篇的《中国近三百年学术史》的确是一部具有较高学术含量的著作，对中国近代思想学术史的研究起到了开拓性的作用。但由于时代和阶级的局限，该书也展现了不少梁启超的偏见。他在不少地方赞扬学术精华的同时，也称颂了糟粕。如他对王阳明及其流裔的主观唯心论，对程朱及其后学的客观唯心论，在很大程度上都持肯定态度。同时，尽管他一再标榜客观主义，反对比附，但他为了达到为政治服务的目的，又往往情不自禁地借题发挥，搞无类比附。如在谈到唐甄"不平以倾天下"的朴素平等观时，他就发挥说："这话虽短，现代社会主义家之言汗牛充栋，只怕也不过将这点原理发挥引申罢了。"通读全书，我们可以看到，《中国近三百年学术史》是涉及当时政治很少的学术著作，其中不少地方能够发现梁启超灼灼才华的闪光，但只要一涉及政治，他的资产阶级立场就立即表现出来。

六、《中国历史研究法》

在中国近代的资产阶级历史学家中，梁启超不仅在实际的历史研究中取得了巨大成就，留下一批享有盛名的学术著作，培养了一大批声名籍籍的学生，而且很早就重视史学理论的研究，对中国近代史学理论的建设做出了独特的贡献。还在 20 世纪初年，他就发表了《中国史叙论》《新史学》等著作。一方面猛烈地批判封建史学，一方面初步提出自己的历史观和方法论，在当时产生了很大影响。1920 年以后，他在勉力从事中国历史研究的同时，又进一步地系统和深化了他的史学理论。1921 年，他在南开大学讲授《中国历史研究法》，第二年就整理出版了他的讲义。1925 年又在清华大学讲授《中国历史研究法（补编）》，1926 年根据周传儒、姚名达二人的笔记整理出版。这两部书，是梁启超史学理论的代表作，也是中国近代最负盛名的史学理论宝典。较之他早期的史学理论著作，显得更加成熟、深刻和系统。其中一些论点已经接近唯物史观个别原理的猜测，而在史学方法论方面，更有许多具有永恒价值的精华。

在《中国历史研究法》一书中，梁启超对历史研究的目的进行了着力探讨。该书开篇劈头第一段话，他就提出了历史研究的"资鉴"论：

史者何？记述人类社会赓续活动之体相，校其总成绩，求得其因果关系，以为现代一般人活动之资鉴者也。

梁启超认为，人类的活动虽然是多方面的，但只有当这些活动"在空际有周偏性，在时际有连续性"时，才属于历史的范畴。但是，由于历史是人类已经过去的"相续作业"的遗迹，在今日业已僵化，所以必须使其"活化"，"再现于今日"。再进一步，找出人类历史活动中的因果联系，评判其功过是非，以便"使国民察知现代之生活与过去未来之生活息息相关，而因以增加生活之兴味；睹遗产之丰厚，则欢喜而自壮；念先民辛勤未竟之业，则矍然思所以继志述事而不敢自暇逸；观其失败之迹与夫恶因恶果之递嬗，则知耻知惧；察吾遗传性之缺憾而思所以匡矫之。夫如此，然后能将历史纳入现在生活界使生密切之联锁。"从而把历史变成"国民资治通鉴"或"人类资治通鉴"。而为了使历史给国民以"资鉴"，关键则在于赋予旧史以"新意义""新价值"。这里，梁启超要求把历史从封建时代的"帝王教科书"的狭隘目的中解放出来，成为"国民"的教科书，无疑是有进步意义的。但是，他对历史的认识却是肤浅的。他看不到人类历史是一个充满矛盾的运动，更看不到生产斗争和阶级斗争在历史发展中的巨大作用，而是将历史看作人类全体的和谐运动。基于此，他所谓的"新意义""新价值"也就不是从历史运动本身发现的规律，而只能是根据政治需要随意把人为的意义和价值加到历史身上。

梁启超从其"国民资鉴"的目的论出发，一方面批评封建史学把注意力集中于封建王朝的中央政治，忽视社会其他重要问题的记载和研究，另一方面罗列了包括政治、经济和文化等范围的二十多个专题，显示了他比封建史家更广阔的历史视野。但他最后归结中国历史的研究重点时，却又将范围缩小为以下四个方面：

第一，说明中国民族成立发展之迹，而推求其所以能保存盛大之故，且察其有无衰败之征；

第二，说明历史上曾活动于中国境内者几何族，我族与他族调和冲突之迹何如，其所产结果何如；

第三，说明中国民族所产文化，以何为基本，其与世界他部分文化相互之影响何如；

第四，说明中国民族在人类全体上之位置及其特性，与其将来对于全人类所应负之责任。

这里，梁启超离开矛盾和斗争谈进化，脱离阶级斗争讲民族发展，把极其复杂的历史简化成民族演化史，他所设计的历史与真实的历史由此拉开了距离。

《中国历史研究法》坚持了梁启超一贯的对封建史学的批判。他以慧眼卓识评述了中国史学源远流长的历史，对史官制度、各种历史著作体裁的起源、发展和优劣一一加以评判。在对司马迁、司马光、郑樵、刘知几、章学诚等史学家的贡献充分肯定的前提下，也指出了包括他们在内的整个封建史学的许多弊端。他认为旧史学的第一个弊端是它为当权者服务，是帝王、臣僚、学士教科书。目的一是为统治者治理臣民提供"资鉴"，二是"为专制帝王养成忠顺之臣民"，因而带着强烈的"贵族性"。旧史的第二个弊端是为死人服务，"费天地间无限缣素乃为千百年前已朽之骨校短量长"。旧史的第三个弊端是内容杂芜，包罗万象，重点不突出，详略不恰当。结果"徒使学者读破万卷，所欲得之知识，仍茫如捕风"。旧史的第四个弊端是为了"明道""经世"的目的，"强史就我"，任意篡改，把一切史迹变成"供我目的之刍狗"。梁启超特别指出："此恶习起自孔子，而二千年之史，无不播其毒。"旧史的第五个弊端是伪误太多，"伪夺满纸""罅漏模糊"，给求真求实造成极大的困难。旧史的第六个弊端是支离破碎，不成体系，"短句单辞，不相联属。恰如下等动物，寸寸断之，各自成体"。针对旧史的这些缺陷，梁启超认为必须对它进行彻底改造，才能写出与之不同的新史来。为此，首先必须把旧史从为"少数特别阶级"服务的狭隘天地中解放出来，使其变成为国民服务的工具，以期成国民性的成长发达。其次是把"生人本位的历史代死人本位的历史"，使历史为现实服务。再次是明确史的范围，把史从百科之学独立出来。复次是杜绝主观成见，进行"纯客观的研究""裁抑其主观而忠实于客观，以史为目的而不以史为手段""务持鉴空衡平之态度，极忠实以蒐集史料，极忠实以叙论之，使恰如其本来"。最后，梁启超认为新史必须在对史料精审考订的基础上，力避旧史支离破碎的缺陷，纵横交错，前后照应，叙事论事，浑然一体，原因结果，条分缕析。同时，还要把专门史和通史结合起来，首先组织各方面的专家写出专门史，然后在专门史的基础上再写出综合性的通史。

梁启超在《中国历史研究法》中对封建史学的批判，尽管不如戊戌后几年大胆、尖锐，但在很大程度上依然击中要害，为我们认识封建史学提供了资料和资鉴。他对旧史学改造的意见，更显示了高明之处：既要进行分门别类的专史研究，又要进行综合的通史研究，把分析与综合结合起来，把器官的剖析与肌体的研究统一起来。作为史学方法，较之旧史学是一个巨大的进步。然而，梁启超作为资产阶级改良派的史学家，他无论对封建史学的批判，还是对新史学创建的意见，都显示出明显的局限性。如他一方面不承认史学必须有明确的目的性，倡导"为历史而历史"，另一方面又要求史学成为"国民的资鉴"，这显然是矛盾的。再如他对封建史学的批判，在一些问题上也不够公允和辩证。他扬"通"抑"断"，认为司马迁、司马光、郑樵的通史绝对好，而从班固开端的断代史又绝对坏，就失之偏颇。他对封建史学的批判不少地方过于苛刻，否认了他们的重大建树和创造的优良传统，甚至连他们保存古代大量而丰富史料的功劳也予以抹煞，就更欠公允了。

梁启超较之中国以往的史学家更重视历史因果律的探索。然而，终其一生，他也没有从自己设计的因果律的矛盾中解脱出来。请看他对历史因果律的矛盾惶遽的论述吧：

> 说明事实之原因结果，为史家诸种职责中之最重要者。……虽然，兹事未易言也。宇宙之因果律，往往为复而非单的，为曲的而非直的，为隔的伏的而非连的显的，故得其真也甚难。自然界之现象且有然，而历史现象其尤甚也。严格论之，若欲以因果律绝对的适用于历史，或竟为不可能的而且有害的，亦未可知。何则？历史为人类心力所造成。而人类心力之动，乃极自由而不可方物。心力既非物理的或数理的因果律所能完全支配，则其所产生之历史，自亦与之同一性质。今必强悬此律以驭历史，其道将有时而穷，故曰不可能。不可能而强用之，将反失历史之真相。故曰有害也。然则吾侪竟不谈因果律可乎？曰：断断不可。不谈因果，则无量数番赜变幻之史迹，不能寻出一系统，而整理之术穷。不谈因果，则无以鉴往知来之资，而史学之目的消灭。

接着，梁启超分析了自然的因果律与历史的因果律的三点不同。一曰"自然科学的事项，常为反复的完成的。历史事项反是，常为一度的不完成的"。自然科学受必然的法则支配，"有万人公认之纯客观的因果律"，历史就没有万人公认的纯客观因果律。二曰"自然科学的事项，常为普遍的。历史事项反是，常为个性的"。"凡成为历史事实之一单位者，无一不有其个别之特性，此种特性，不惟数量上复杂不可缕指，且性质上亦变幻不可方物。而最奇异者，则合无量数互相矛盾的个性，互相分歧或反对的愿望与努力，而在若有意若无意之间，乃率其职以共赴一鹄，以组成此极广大极复杂极致密之'史网'，人类之不可思议，莫过是矣。"三曰"自然科学的事项，为超时间空间的。历史事项反是，恒以时间空间关系为主要基件"。在梁启超上面的论述中，包含着一些十分深刻的思想。他看出自然界和人类社会有着本质的不同，因而自然界的因果律和人类社会的因果律就有着显著的差异。同时，由于人类社会是由有思想的活动着的人组成的，这些人的思想和行为千差万别，所以支配自然界的盲目必然性在这里就难以起作用。他看出历史事件的连续性、单一性、独特性、具体性，也朦胧地觉察到历史的运动是由各个具有自由意志的人互相矛盾的意向组成的合力推动的。所有这一切，都包含着深刻而合理的因素。但是，梁启超唯心主义的历史观在上面的论述中也暴露无遗。首先，他否认人类历史是生产斗争和阶级斗争史，而把历史看成"人类心力"的创造物，把精神看作历史的动力。其次，他面对人类社会中各种不同思想、不同利益、不同要求的剧烈冲突以及这种冲突所导致的与任何人的愿望都不一致的结果，感到眼花缭乱，困惑莫名，因而陷入极度矛盾之中：一方面感到人类历史有无因果律本身就难以确定。另一方面，为了给现实从历史上找到资鉴，又必须找到历史的因果律。这样一来，因果律就不是历史本身固有的，而是研究者根据需要强加到历史头上的。正因为如此，这种历史因果律的客观真理性就是无法确定的。为了从历史中找到因果律，梁启超从今文经学那里请来了"比事"这个神奇的魔杖。他说："天下古今从无同铸一型的史迹，读史者于同中观异，异中观同，则往往得新解焉。此春秋之教所以贵'比事'也。"历史的比较作为一种方法无疑是史学家经常使用的。但"比事"在梁启超那里却成为任意比附的工具。比如，他把中国历史上的民族斗争和民族融合比较了一番之后，得出结论说："史迹有以数千年或数百年为起讫者，其迹每度之发生，恒在若有意识若无意识之间，并不见其有何等公共一贯之目的。及综若干年之波澜起伏而视之，则俨然若有所谓民族意力在其背后。"这就是说，千百年来，中华民族所进行的那些伟大的斗争，在斗争中壮大的中华民族，一直有着"民族意力"指挥战斗，它就是历史的动力。又比如，梁启超总结秦末汉初刘邦项羽的斗争在历史上的作用时，让他的"比事"插上想象的翅膀，大大驰骋了一番。他认为刘邦战胜项羽引出了后来两汉对匈奴的战争，战败的匈奴西迁影响了中亚诸国的发展，中亚诸国又干扰了希腊古代文明的进程，而它又给欧洲现代资本主义世界的发展打下不可磨灭的印记。这样，刘项之争、汉攘匈奴，就一直影响到现代欧洲国家的历史。由此梁启超总结道："史之为态，若激水然，一波才动万波随。旧金山金门之午潮，与上海吴淞口之夜汐，鳞鳞相衔，如环无端也。其发动力有大小之分，则其激荡亦有远近之异。一个人方寸之动，而影响及于一国，一民族之举足左右，而影响及于世界者，比比然也。"这是梁启超找到的又一个因果律，叫做"方寸之动"决定着历史的命运。"民族意力"也好，"方寸之动"也好，总之是精神推动着历史前进。不要看梁启超在那里大谈因果律，煞有介事地寻找因果律，其实他找的因果律不是来自历史而是来自自己的头脑。梁启超把前后发生的历史事件，按顺序一一排列起来，发生在前面的叫做因，发生在后面的叫做果，而推动因果不断运动的，就是"民族意力"和"方寸之动"。

在历史因果律问题上，梁启超虽然有一些深刻而天才的猜测，但这些合理的猜测却没有能够将他引向科学的探索。马克思主义的历史唯物论认为，人类社会和自然界是不同的领域，因而不能把自然界的规律强加给人类历史。但是，人类历史却同自然界一样也受不以人的意志为转移的客观规律的制约。历史的前进运动之所以似乎同社会各个人的愿望都有距离，恰恰证明人类历史有着不以人的意志为转移的客观规律，有着自己独特的因果律。自然，由于人类社会是活动着的，"全是具有意识、经过思虑或凭激情行动、追求某种目的的人；任何事情的发生都不是没有自觉的意图，没有预期的目的的"。因而在表面上看来，仿佛是偶然性起着作用。"但是，在表面上是偶然性在起作用的地方，这种偶然性始终是受内部的隐蔽着的规律支配的"。（《马克思恩格斯选集》第4卷第243页）梁启超一面惑于偶然性的表面作用，把历史的动因归结为"民族意力"和"方寸之动"；一面又根据历史事件发生的顺序任意安排历史的因果关系，他实际上并没有找到真正的因果关系，也没有找到历史的规律。

梁启超在《中国历史研究法》中，也对历史与英雄关系这个古老的话题进行了认真的探索。尽管他在《新史学》和《中国史叙论》中曾痛斥封建正史为"帝王将相家谱""墓志铭""蜡人院"，实际上触及了封建史家根深蒂固的英雄史观，但是，当他探索历史的因果律，寻找历史发展的最后动因时，却比封建史家更钟情于英雄史观。请看他是如何用充满激情的语言表述自己观点的吧：

　　史界因果之劈头一大问题，则英雄造时势耶？时势造英雄耶？换言之，则所谓"历史为少数伟大人物之产儿"、"英雄即历史"，其说然耶否耶？罗素曾言："一部世界史，试将其中十余人抽出，恐局面或将全变。"此论吾侪不能不认为确含一部分真理。试思中国全部历史，如失一孔子，失一秦始皇，失一汉武帝，……其局面当如何？佛教界失一道安，失一智顗，失一玄奘，失一慧能；宋明思想界失一朱熹，失一陆九渊，失一王守仁；清代思想界失一顾炎武，失一戴震，其局面又当如何？其他政治界、文学界、艺术界，盖莫不有然。此等人得之名曰"历史的人格者"。何以谓之"历史的人格者"？则以当时此地所演生之一群史实，此等人实为主动——最少亦一部分的主动——而其人面影之扩大，几于掩覆其社会也。

曾国藩……袁世凯……此若干人者心理之动进稍易其轨，而全部历史可以改观。

历史不外若干伟大人物集合而成。

近三十年的中国历史，若把西太后、袁世凯、孙文、吴佩孚等人——甚至于连我梁启超——没有了去，或把这几个人抽出来，现代的中国是个什么样子，谁也不能预料。但无论如何，和现在的状况一定不同。

显然，在梁启超看来，历史的发展和停滞完全决定于少数英雄的"方寸之动"。他们既可以使历史光明普照，又可以使历史沉入苦难的深渊。其"心理之动进稍易其轨"，就会在历史上掀起多年停息不了的波澜。在这里，一切因果律似乎都不再起作用，历史不过是英雄人物心力活动的轨迹罢了。正因为如此，梁启超特别重视人物传的写作。在《中国历史研究法（补编）》中，他列举了中国历史上应该作传的 114 个人物，其中思想家 43 人，皇帝 13 人，政治家 14 人，文学家 38 人，对外开拓疆域的将领 4 人，"群众运动领袖" 2 人。虽然梁启超曾将二十四史讥讽为"帝王将相家谱"，但他钟情的历史人物在一定程度上也还没有脱离"帝王将相家谱"。最足以说明梁启超的立场和观点的，是在他列举的这数以百计的人物中，竟没有一个农民起义的领袖。即使像黄巢、李自成、洪秀全这样一些曾在中国历史上领导过撼天动地的农民斗争风暴的伟大人物，也完全在他的历史视野之外。

作为一个学识丰富、勇于探索的史学家，梁启超的可贵之处是他没有停留在英雄创造历史这样一个简单的结论上。他超出封建史家的地方在于他力图探索英雄和时代、英雄和社会、英雄和整个民族的关系，着意于发现潜藏在英雄背后的推动历史前进的力量。梁启超在对大量历史资料的研究中，隐隐约约地感到在伟大人物背后还有阶级、集团和党派的存在。他于是又杜撰出一个"民族心理"和"社会心理"作为伟大人物"心力"的承接物，以其作为"首出的人格者"即伟大人物与"群众的人格者"即阶级、集团和党派联系的中介。请看他是如何论述这个问题吧：

所谓"首出的人格者"，表面上虽若一切史迹纯为彼一人或数人活动之结果，然不能谓无多数人的意识在其背后。实则此一人或数人之个性，渐次浸入或镳入于全社会而易其形与质。社会多数人或为积极的同感，或为消极的盲从。而个人之特性，寝假遂变为当时此地之民众特性——亦得名之曰集团性或时代性。非有集团性或时代性之根柢而能表现出一史迹，未之前闻。……所谓"群众的人格者"论理上固为群众中各分子各自个性发展之结果，固宜各自以平等的方式表显其个性。然实际上所表显者，已另为一之集团性或时代性，而与各自之个性非同物。且尤必有所谓"领袖"者以指导其趋向执行其意思，然后此群众人格乃得实现。

吾以为历史之一大秘密，乃在一个人之个性，何以能扩充为一时代一集团之共性。与夫一时代一集团之共性何以能寄现于一个人之个性。申言之，则有所谓民族心理或社会心理者，其物实为个人心理之扩大化合品，而复借个人之行动以为之表现。

无论何种政治何种思想，皆建设在当时此地之社会心理的基础之上。而所谓大人物之言动，必与此社会心理发生因果关系者，始能成为史迹。大人物之言动，非以其个人的资格而有价值，乃以其为一阶级或一党派一民族之一员的资格而有价值耳。……所谓大人物者，不问其为善人为恶人，其所作事业为功为罪，要之其人总为当时此地一社会——最少该社会中一有力之阶级或党派——中之最能深入社会闰奥而与该社会中人人之心理最易互相了解者。如是，故其暗示反射之感应作用，极紧张而迅速。

应该说，梁启超在这里表述的思想有些是比较深刻的。他至少已经意识到伟大人物并不是"天马行空""独往独来"的孤胆英雄，而是阶级、集团中的一分子。他的思想意志、计划方略，只有在变成他所属的阶级和集团的行动之后，才显出实际的力量。同时，他也充分认识到伟大人物的思想和品格对于社会、阶级、集团和党派所产生的巨大影响。但是，在英雄人物与阶级、集团、党派的关系上，在英雄"心力"与"民族心理"和"社会心理"的关系上，他的论述却是颠倒的。因为已经过去的历史表明，尽管一个阶级的英雄人物的思想能够给自己的阶级、集团和党派以深巨的影响，并在一定程度上波及国家和民族的未来，但是，决定这个英雄人物思想和面貌的，归根结底是他所属的阶级、集团、党派和时代。黑格尔说，人们克肖于他的时代，甚于自己的生身父母。这应该视为一个颠扑不破的真理。

《中国历史研究法》的精华更多地体现在史学方法的阐述上。梁启超治史多年，有着丰富的实践经验，因而在史学方法上留给后人许多具有启迪意义的东西。例如，关于史料的搜集和鉴别，历史专题的选取与研究，各种专史的写作方法等，都有独到之处。

在《中国历史研究法》的第四章，梁启超评述了研究中国历史的各种材料，他的视野远远超出了封建史家。第五章详细论述了史料的搜集和鉴别。他运用形式逻辑，批判地改造了乾嘉学派正误、辨伪的一整套方法，提出了自己的史料鉴别法，其中的相当部分是科学的。谈到搜集史料，梁启超认为，不仅应该注意一般人公认的文献和实物资料，更重要的是开阔视野，"恒注意于常人所不注意之处"，在"常人向来不认为史料"的东西中"寻觅出可贵之史料"。这就要求治史者"将脑筋操练纯熟，使常有锐敏的感觉。每一事项至吾前，常能以奇异之眼光迎之，以引起特别观察之兴味"。同时，在从事一个专题的研究时，随时注意搜集与另外专题有关的材料，做到"随处留心，无孔不入，每有所遇，断不放过"。这就要求一个史学工作者，应该在历史研究的实践中，不仅学会搜集史料的方法，更重要的要历练出判断史料价值的慧眼卓识。在鉴别史料的问题上，他讲了正误中反证、假说的运用，特别谈到作史者的认识局限造成的失误和史德卑劣对史实的故意歪曲，都是很有见地的。在辨伪问题上，他列举的辨伪书的十二条标准和证今书的六条标准以及辨伪事的七条标准，直至今天仍然是可用的。但也必须指出，由于梁启超不懂辩证法，他的辨伪正误用的是形式逻辑的方法，以书本证书本，以文献对文献，其局限性也是异常明显的。例如，在谈到"推度的推论法"时，一面正确地判定孔子、颜渊在泰山之巅能够看到吾国首都景象的记载是假的，一面却又认为古代史籍中许多关于鬼神的记载一旦在人类发明"鬼神心理学"之后就会成为可信的宝贵资料，就是十分荒谬的。

在专题的选取和研究上，梁启超提出了八点具体方法。

"第一，当画出一'史迹集团'以为研究范围"。即确定一个有意义的研究专题。这个专题"函量须较广较复"，从中"最少可以觇出一个时代间社会一部分之动相"。而将各个专题合起来，则又能反映时代的全貌。这一条触及历史研究的一般规律。研究总是从个别到一般，又从一般到个别，从一个个的专题研究进到通史的综合研究。专题选取的好坏往往关系全局，所以专题的选取正可显示研究者的水平和识见。梁启超对这个问题重要性的认识是比较深刻的。

"第二，集团分子之整理与集团实体之把握"。要求把本专题有关材料搜集齐全，并加以认真的辨证，去伪存真，然后融会贯通，把握住这个专题的本质和主流。梁启超认为做到这一点并不容易，除分析研究外，还要靠"直觉"。这里梁启超提出的方法基本上是切实可行的，但认为靠"直觉"去把握专题的本质和主流则带有神秘色彩，只能意会不可言传，作为一种方法是难于把握的。

"第三，常注意集团外之关系"。即不仅致力于本专题范围内的深入研究，而且要注意本专题的纵横联系。既从横的方面考察其与同时代其他历史事件的联系，搞清它们之间的"交光互影"，又从纵的历史长河中衡量这个专题所研究的历史事件的地位和作用。这种前后左右上下联系的研究无疑是十分必要的，它无疑是历史主义的观点和方法。

"第四，认取各该史迹集团之'人格者'"。即确定这个专题中影响全局的那一个或几个历史人物或集团、党派，将其作为研究的重点。研究历史离不开人的活动，但必须以正确的观点和方法来分析研究这种人的活动。

"第五，精研一史迹之心的基件"。梁启超认为，历史事项都是"人类心理所构成"，因而只有"深入心理之奥"才能发现历史的真相。同时，由于该时代人类心理是以那个时代的伟大人物的心理为"聚光点"的，因而只有研究这个伟人的"素性及其临时之冲动断制"，才能使整个历史事项的筋脉活现。所以这个步骤的核心就是研究伟人的心理，"最要者为研究其吸射力之根源：其在圣贤豪杰，则观其德量之最大感化性，或其热情之最大摩荡性；其在元凶巨猾，则观其权术之最大控弄性，或观其魔恶之最大诱染性。从此处看得真切，则此一团史迹之把鼻，可以捉得住矣"。这即是说，只要把握了这一研究专题的中心人物的心理活动，也就等于抓住了历史的全部本质。这一理论，一方面把伟人的心理说成脱离社会的莫名其妙的历史动力，另一方面又把社会上的一切人看成供伟人心理驱使的奴隶，从而在根本上颠倒了社会意识和社会存在的关系。

"第六，精研一史迹之物的基件"。这里的物，梁启超指的是历史条件或社会环境。他认为人心的活动必然受到物的抵抗，历史就是在心与物的矛盾斗争中演进的。"心的进展，时或被物的势力所堵截而折回，或为所牵率而入于其所不豫期之歧路，直待渐达心物相应的境界，然后此史迹乃成熟"。这里，梁启超要求研究历史专题中心人物的主观意识和客观现实的矛盾，探讨二者之间的对立统一关系。梁启超在这里所表述的思想是深刻的。是呀，为什么"非攻寝兵"的理想千百年来无法实现，为什么袁世凯这样一个"强人"效法曹操、司马氏的故伎而一败涂地？历史唯物论从中得出的思想只有反映时代潮流才能变成现实的结论，但梁启超却在几乎就要碰到唯物史观的地方停步了。

"第七，量度心物两方面可能性之极限——史之开拓，不外人类自改变其环境。质言之，则心对物之征服也。心之征服的可能性有极限耶？物之被征服的可能性有极限耶？通无穷的宇宙为一历史，则此极限可谓之无。若立于'当时'、'此地'的观点上，则两者俱有极限明矣。在双极限之内，则以心的奋进程度与物的障碍强弱比较判断历史前途之歧向。"这里，梁启超所表述的思想同样是深刻的。的确，人类作为生生不息、绵延不断的一个整体，其认识和改造自然、认识和改造社会的能力是没有极限的，但在每个具体的历史时期又是有极限的，这就是历史的局限性。梁启超对此有着接近真理的朦胧猜测。但把历史看作英雄伟人的心对物的征服，则显然是一种历史唯心论。

"第八，观察所缘——有可能性谓之因，使此可能性触发者谓之缘。"梁启超在这里接触到历史的必然性（因）和偶然性（缘）的关系问题。他认为历史的必然性通过无数的偶然性起作用，二者结合才构成历史。必须分清因和缘，不能混淆二者的区别。这种认识具有一定的合理性。但梁启超不了解，从唯物辩证法的观点看来，必然性和偶然性的区别也是相对的。从一定意义上讲，偶然性也反映事物的本质。而只要一个事物发展变化的内在必然性具备了，它迟早都会找到偶然性而使发展变化变成现实。

上面我们简略分析了梁启超提出的历史专题选取与研究的方法。其中虽不乏精湛的见解，一些具体方法也具备相当的科学性和可操作性。但由于他的史观基本上是唯心论，他所提出的正确的方法就很难得到充分的发挥。

在《中国历史研究法（补编）》中，梁启超简要论述了历史研究的目的，做一个史学家应具备的基本条件，重点则在介绍各种专史的写作方法。

梁启超认为作为一个历史学家必须具备"四长"：史德、史学、史识和史才。这就要求史学家要实事求是，绝对忠于历史的真相，力戒"夸大""附会"和"武断"的毛病，做到"鉴空衡平"。要博、约结合，专精和广泛涉猎并进，既要有广博的学识，又要有专深的研究。要养成锐敏的历史洞察力，学会由整体到局部，由个别到一般的分析、综合、归纳、演绎的方法。敢于怀疑，勇于创新，"不要为因袭传统的思想所蔽""不要为自己的成见所蔽"。要学会史学文章和论著的写作方法，善于组织和驾驭材料，做到剪裁得体，详略恰当。要加强文采的修养，使文辞"简洁""飞动"，把历史事件和历史人物栩栩如生地再现出来。梁启超提出的这些对史学家素养的要求，自然是十分必要的。不过，他的一些观点也不无偏颇。例如，他在强调忠于客观事实的时候，却混淆了尊重客观事实与客观主义的界限。他说："实际的政治家，在政治上做了许多事业，是功是罪，后人自有种种不同的评论。我们史家不必问他的功罪，只需把他活动的经历，设施的实况，很详细而具体的记载下来，便已是尽了我们的责任。"这显然是片面的。史学家固然要忠实地记载历史事实，因为只有忠于事实才能忠于真理。但史学家又不能落入客观主义的窠臼，他更要对历史事实和历史人物进行科学的评价。

梁启超重视对历史的分类研究。他认为要写好一部通史，首先要抓好五种专史，即人、事、文物、地方、断代等史的编纂。他特别重视人物传的写作，全书用近三分之二的篇幅详细论述了列传、年谱、专传、合传、人表的撰写。他认为应该找出每个时代的代表人物，并把种种有关的事项归纳到他身上："一方面看时势及环境如何影响到他的行为，一方面看他的行为又如何使时势及环境变化。"这样，即使伟大人物成为历史的中心，又便于教育当代的活人，益处很多。梁启超对于人物专史的各种体裁的要求、写法以及什么样的人物宜于用什么体裁，都有十分精到的见解。他以孔子传的写作为例，重点说明如何搜集、别择材料。以玄奘传的写作为例，说明如何通过一个关键人物，把学术史中的某个门类的源流、发展、变化搞清楚。所有这一切，对后学都有启示作用。

梁启超对"文物的专史"也很重视。他把"文物的专史"分成政治、经济和文化三部分。认为"社会骨干"的政治主要应该研究社会的组织、国家的形成，把军政、财政、法政和外交都包括在内。"社会血脉"的经济主要应该研究人类的物质生活，搞清每个时代的衣、食、住、行。"社会神经"的文化主要应该研究语言、文字、宗教、美术、文学、科学、史学、哲学等。在这里，梁启超不仅包举了社会从经济基础到上层建筑的各个门类，把历史研究的领域扩大到人类生活的每个角落，而且在不少具体问题上阐述了相当精辟的见解。例如，他认为在政治方面，既要研究民族的起源、发展、融合、变迁，又要研究历史地域的扩展，把中华民族在中国这块土地上生息、繁荣的历史，用发展的眼光描述出来。在如何把握历史分期问题上，他强调"注意政治的转变"，不要以一姓兴亡作为划分标准，也不要套用上古、中古、近古等的抽象断代法。他还提出要研究家族、阶级和党派的起源与发展，研究政体的变迁、政权的组织和运行等问题。在经济上，他认为既要研究人类社会存在基础的生产、消费、交易、分配，又要具体研究衣、食、住、行生产的各个方面和行业，如农、牧、渔、盐、矿、纺织、建筑、水利、交通、商业。而在农业方面，尤其应重视田制即土地关系的研究。在文化史的研究方面，梁启超着重谈了"道术史"即哲学史的写作。他要求阐明哲学史的主系——中国历史上在哲学方面有重大建树的时代和学说，如先秦的"百家争鸣"、宋明理学等。搞清闰系——主系哲学流派在其后时代的流传、整理和变化，如两汉经学。理出旁系——外国思想的传入及其在中国的消化和推陈出新，如六朝和隋唐的佛学。这样，一方面把握住每个时代的思想主潮，一方面追踪着各种思潮在历史上的传播和变迁，也注意外来思想的传入及其对中国思想的影响，因而就能历史地全面地阐明哲学史发展的线索。

总起来看，梁启超的《中国历史研究法》及其补编，批判了封建史学，较早地提出了资产阶级的比较系统的史学理论，在当时和以后的中国史学界都产生了比较深远的影响。他提出的搜集、整理史料的方法，论述的关于专题研究和各种专史撰写的方法，在很大程度上具有普适性，至今对于治史者仍有指导和启示作用。他对某些理论问题的论述也是相当深刻的，个别地方有着接近历史唯物论原理的朦胧猜测，因而就深度和广度来说都超过了中国古代的史学理论。梁启超以《中国历史研究法》为代表的史学理论著作，是 20 世纪初期中国史学理论的代表作，对中国近代史学理论的建设做出了巨大贡献。中国近代史学史应该镌刻他的名字和一系列极具代表性的论著。

七、文学研究与创作

梁启超是中国近代资产阶级改良派政治家中与文学关系最密切的一个人。他本人就是一个大文豪，在散文创作方面有着很高的成就。19 世纪末至 20 世纪初，他创造的"新文体"曾风靡一时，开启了中国近代白话文的先河，对于把文体从古文中解放出来立下了不可磨灭的功劳，因而对中国近代文学的发展产生了很大影响。晚年，梁启超又致力于中国古代文学史的研究，写了《中国韵文里头所表现的情感》《情圣杜甫》《陶渊明》《陶渊明年谱》《中国之美文及其历史》《桃花扇注》《辛稼轩先生年谱》等，整理考订了部分资料，对中国古代文学的发展规律进行了有意义的探索，提出了一些有价值的观点。但是，梁启超对近代文学的贡献，主要表现在对文学理论的研究与提倡。他是"小说界革命"和"诗界革命"的倡导者之一，中国近代小说和诗歌的繁荣，与他的大力提倡和推动是分不开的。

在中国古代文学史上，诗歌一直占有重要地位。明清以来，小说逐渐成为文学创作的主要形式，产生了《三国演义》《水浒传》《红楼梦》等许多优秀作品，影响日益扩大。晚清，随着西洋小说及其理论的传入，小说巨大的社会作用开始为人们所认识。资产阶级改良运动崛起后，维新派迫切需要一种有力而通俗的宣传工具，因而他们便着意于小说。正是在这种历史背景下，关于小说的理论应运而生。1897年，严复、夏曾佑首先在天津《国闻报》上发表《本馆附印说部缘起》，提出了"小说界革命"的口号。第二年，梁启超就发表了《译印政治小说序》，积极参与鼓吹。此后，吴趼人、徐念慈、黄摩西等相继发表文章，探索有关小说创作的理论。其中最有代表性和影响最大的是梁启超1902年写的《论小说与群治之关系》。他在一系列关于小说创作理论的文章中，痛斥封建文学脱离现实政治的不良倾向，要求小说自觉地为社会政治服务，宣传和推动维新运动。他认为小说的创作与翻译，都必须与"今日中国时局"息息相关。他充分地估计了小说的社会作用，鼓吹提高小说的社会地位：

> 欲新一国之民，不可不先新一国之小说，故欲新道德，必新小说；欲新宗教，必新小说；欲新政治，必新小说；欲新风俗，必新小说；欲新学艺，必新小说。乃至欲新人心，欲新人格，必新小说。（《合集·文集之十》）

梁启超认为，小说所以具有如此巨大的社会作用，是因为它较之其他文学形式有更多的优点和特点。"寓讽谏于诙谐，发忠爱于馨艳，其移人之深，视庄言危论，往往有过"。（《合集·专集之八十八》）小说"浅而易解""乐而多趣"，有着很大的普及性，能在广大社会下层群众中得到大量读者。小说不仅能精微地描写生活，而且能够充分地表现理想，把作者的感情传达给读者。使人们往往在"行之不知，习矣不察"的情况下，读了小说后豁然开朗，"拍案叫绝"。梁启超进而认为小说具有"熏""浸""刺""提"四种神力，即能潜移默化，使读者在不知不觉中接受影响，移易性情；能够感人肺腑，使读者长期激动不已，不能忘怀；能够陡然激起感情的波涛，如醉如痴；能够使人入化角色，陶冶性格。正因为这样，小说就应该成为最方便最有效的宣传教育武器。

梁启超的小说理论，对于当时小说的繁荣和发展无疑起了很大的积极促进作用。《新小说》《月月小说》《小说月报》等刊物的创办与大量发行，《官场现形记》《二十年目睹之怪现状》等批判现实主义小说的出现，展现了中国近代文学辉煌的一翼。由于梁启超等人的大力提倡、推动和小说家的努力，小说的社会地位得到空前的提高，成为近代中国文学殿堂的尊神。近代的小说在揭露中国半殖民地半封建社会制度的反动腐朽、晚清官场的黑暗、大小官吏的凶横残暴、昏庸愚蠢，在宣传资产阶级改良和革命道路等方面，都发挥了积极作用，产生了广泛的影响。梁启超的小说理论，对文学的特征、文学的社会作用和文学的思想性等问题，都作了比较精到的论述，这对于"五四"运动以后新的文艺理论的产生、形成和发展，起了先导和滥觞的作用。

自然，梁启超的小说理论也有着不可避免的时代和阶级的局限性。他的思想方法是形而上学的，他对中国封建社会文学的批判虽然在不少地方击中要害，但也有否定一切的错误倾向。他曾这样评论中国古代的小说：

"中土小说，虽列之于九流，然自虞初以来，佳制盖鲜。述英雄则规画《水浒》，道男女则步武《红楼》，综其大较，不出海盗海淫两端。陈陈相因，途途递附。"（《合集·专集之八十八》）对于曾产生过许多优秀名著的中国古代小说史，这样的评论显然是不公正的。身处 19、20 世纪之交的梁启超，找不到中国近代社会落后停滞的根源，更找不到革故创新的真正道路。他一方面把中国社会腐败的原因归结为人们道德的堕落，而又将这种道德堕落硬说成是旧小说宣传的结果。另一方面，他又把由新小说而新道德看成改造社会的根本途径。这就从根本上颠倒了上层建筑和经济基础的关系，夸大了意识形态的作用。另外，由于他过分强调作品的思想性而忽视作品的艺术性，必然造成一定的消极影响。晚清小说的艺术水平普遍不高与此不无关系。梁启超本人的小说创作实践基本上是失败的。他的创作小说《新中国未来记》《劫灰梦传奇》，翻译小说《佳人奇遇》等，艺术上都异常粗率。其中的主要人物都不过是梁启超改良主义思想的传声筒，没有个性，无血无肉，苍白无力。

19 世纪 90 年代至 20 世纪初，资产阶级改良派发起的"诗界革命"，实际上是一个诗歌改良运动。其基本内容是要求诗歌在一定程度上突破中国传统格律诗的旧形式，表现新的生活内容、新的理想和新的意境。黄遵宪是在这一运动中走得最早和在创作上取得成绩最大的一个人，谭嗣同和夏曾佑是在 1896 至 1897 年最早提出"诗界革命"的两员诗坛健将，而梁启超则是为"诗界革命"推波助澜的卓越理论家和宣传家。东渡日本以后，他写了不少文章，批判中国古代社会的文学和诗歌，阐述"诗界革命"的理论。1899 年在《夏威夷游记》中，他痛斥拟古主义诗人为"鹦鹉名士"。后来在《饮冰诗话》中，又直斥封建"词章家"为"社会之蠹"，古代的"诗词曲"为"陈设之古玩"。这种对古代诗文的批判，是批判封建文化和封建思想的一个组成部分。梁启超明确提出诗歌要为改良运动和启蒙思想的宣传服务，表现新的生活和理想。他认为在西方"无论何代，无论何国，无不食文学家之赐"。（《合集·专集之四十五上》）诗歌表现了巨大的政治和宣传作用。在《新罗马传奇》中，他借但丁的口说："念及立国根本，在振国民精神，因此著了几部小说传奇，佐以许多诗词歌曲，庶几市衢传诵，妇孺传闻，将来民气渐伸，或者国耻可雪。"梁启超要求新诗歌批判地继承旧诗歌的形式，在其中加进新诗料，注进新内容。但也反对单纯"将扯新名词以表自异"的不良倾向。他说："然革命者，当革其精神，非革其形式。……若以堆积满纸新名词为革命，是又满洲政府变法维新之类也。能以旧风格含新意境，斯可以举革命之实矣。"（《合集·文集之四十五上》）梁启超提出的"以旧风格含新意境""熔铸新理想以入旧风格"，也就是要求通过旧的形式表现新的生活内容和新的思想感情。这种反对机械地模仿和抄袭古人，要求"独辟境界"的思想是值得肯定的。

梁启超在自己主办的《时务报》《清议报》《新民丛报》《新小说》等刊物上，开辟专栏，作为改良派诗人发表新诗的园地。同时，又撰写《饮冰诗话》，大力宣传、鼓吹"诗界革命"，高度评价黄遵宪、康有为、谭嗣同、蒋智由等人的诗歌创作。他赞扬谭嗣同"志节学行思想，为我中国二十世纪开幕第一人。……其诗亦独辟新界而渊含古声"。他说自己"生平论诗，最倾倒黄公度"，因为黄遵宪的诗歌有着崭新的内容和独特的风格："其意象无一袭昔贤，其风格又无一让昔贤。"他非常赞赏蒋智由诗歌的巨大感染力，说他的诗使人读后"如枯肠得酒，圆满欣美"。（《合集·文集之四十五上》）这些评论都是比较中肯的。在中国近代文学史上，诗歌的繁荣和发展，与梁启超的提倡、推动和指导是分不开的。

梁启超的努力方向和主要成绩虽然不在诗歌创作上，但他写的不少诗歌却有着相当高的成就。尤其在东渡日本之初，是他诗歌创作的发皇期。大量思想境界好、艺术水平高的诗，都是在这一时期创作出来的。这是因为，维新志士都是一些热血沸腾的爱国者，东渡初期，他们攻击的矛头主要还是指向封建顽固派，他们向往的资本主义制度还是中国社会前进的方向。在这一时期的梁启超的诗中，洋溢着深沉的爱国热情，充满着对祖国美好未来的无限憧憬。如《读陆放翁集》：

诗界千载靡靡风，兵魂销尽国魂空。
集中什九从军乐，亘古男儿一放翁。

辜负胸中十万兵，百无聊赖以诗鸣。
谁怜爱国千行泪，说到胡尘意不平。

如《壮别二十六首》中的两首：

丈夫有壮别，仗剑行复仇。
一卮酹易水，如闻风萧萧。
今我其蹉跎，墓草宿已凋。
中夜栗然起，胥江号怒潮。

诗思谁忧国，乡心不到家。
山河水漂絮，身世浪淘沙。
浩荡天风远，骎驰白日斜。
惊心自鞭影，何处不天涯。

如《纪事二十四首》之一：

猛忆中原事可哀，苍黄天地入蒿莱。

何心更作喁喁语，起趁鸡声舞一回。

如《东归感怀》：

极目中原暮色深，蹉跎负尽百年心。

那将涕泪三千斛，换得头颅十万金。

鹃拜故林魂寂寞，鹤归华表气萧森。

恩仇稠叠盈怀抱，抚髀空吟梁父吟。

如《澳亚归舟杂兴》：

苦吟兀兀成何事，永夜迢迢无限情。

万壑鱼龙风在下，一天云锦月初生。

人歌人哭兴亡感，潮长潮平日夜声。

大愿未酬时易逝，抚膺危坐涕纵横。

如《新中国未来记》：

无端忽作太平梦，放眼昆仑绝顶来。

河岳层层团锦绣，华严界界有楼台。

六洲牛耳无双誉，百轴麟图不世才。

掀髯正视群龙笑，谁信晨鸡暮唤回？

（《合集·文集之四十五上》）

这些感情激越、词彩瑰丽的诗篇，既抒发了梁启超对国家民族危机的无限忧虑，也展示了他力挽狂澜、拯时救世的伟大抱负，更表现了他对祖国美好前景的深情向往和刻意追求。诗中展现的是一个闻鸡起舞、拔剑四顾的爱国志士的崇高形象。在当时的历史条件下，这些诗唱出了广大爱国者的心声，在青年知识分子中引起了强烈的共鸣。

梁启超以自己的诗歌实践了自己倡导的诗歌理论，在表现新生活、新感情、新思想方面做了可贵的努力。他用诗歌热情歌颂民主自由，歌颂西方资产阶级的政治家和思想家，华盛顿、拿破仑、卢梭、孟德斯鸠等都出现在他的诗中并受到热情讴歌。

梁启超的诗也有着自己独具的艺术特色：明白流畅，气势恢宏，强烈的抒情之中伴随着感慨议论，悲壮激昂，表现出一种积极进取和雄姿英发的气概。在诗的形式上，他极力进行新的尝试和探索。他曾改造和利用骚体写了《举国皆我敌》《志未酬》等诗，也写过《去国行》《雷庵行》《二十世纪太平洋歌》等歌行。诗句伸缩自如，文气一泻千里。如《赠别郑秋蕃兼谢惠画》：

悲歌不尽铜驼泪，魂梦从依敬业旗。誓拯同胞苦海苦，誓答至尊慈母慈。不愿金高北斗寿东海，但愿得见黄人捧日崛起大地而与彼族齐驰骋。

再如《志未酬》：

志未酬，志未酬，问君之志几时酬？志亦无尽量，酬亦无尽时。世界进步靡有止期，吾之希望亦靡有止期。众生苦恼不断如乱丝，吾之悲悯亦不断如乱丝。登高山复有高山，出瀛海更有瀛海。任龙腾虎跃以度此百年兮，所成就其能几许？虽成少许，不敢自轻。不有少许兮，多许奚自生？但望前途之宏廓而寥远兮，其孰能无感于余情。吁嗟乎，男儿志兮天下事，但有进兮不有止。言志已酬便无志。（《合集·文集之四十五下》）

这些诗篇，明白如话，有不少散文化的句子；直抒胸臆，感情表露得酣畅淋漓，是传诵一时的佳作。

第八章

逝世

1927 年 1 月 13 日，是前清王朝业已逊位的末代皇帝溥仪的生日。这一天，一群身着长袍马褂的前清遗老遗少麇集天津张园，向溥仪行三跪九叩的大礼。矢志忠于清王朝的康有为，不顾年老和疾病，也特地从青岛赶来，向溥仪祝寿。23 日后的 2 月 5 日，又逢康有为的 70 寿诞。滞留天津的康有为特在津门设下寿堂，接受各方来客的祝贺。溥仪和前清宠贵以及康门弟子纷纷前来祝寿。这时身居天津的梁启超，也暂时忘却了护国战争和反复辟之役时期学生痛骂老师的不愉快的往事，恭恭敬敬地跑到康有为面前，向他献上学生虔诚的祝福。这是自 1915 年护国之役前师徒在上海相聚 12 年后的第一次聚首，也是最后一次会面。梁启超送给康有为的寿联是：

　　　　述先圣之玄意，整百家之不齐，入此岁来年七十矣；
　　　　奉觞豆于国叟，致欢欣于春酒，亲授业者盖三千焉。

　　寿联很有文采，将康有为比拟为集今古文经学之大成的郑玄，表现了学生对恩师的由衷赞扬。据说在当时寿堂中布置得琳琅满目的寿联中，梁启超的这副寿联被评为最佳之品。与此同时，梁启超还写了《南海先生七十寿言》一文，满怀深情地回忆了万木草堂时期在康有为门下授业的情景，字里行间充满了对恩师的感激之情。至此，在几次翻云覆雨的北洋政潮中形成的康、梁之间的芥蒂也就烟消云散了。2 月 15 日，康有为满载着寿礼和欢欣，返回他蛰居的青岛。13 日后，这位中国近代资产阶级改良派的领袖，便含着恋主的哀愁，带着复辟未竟的遗憾，永远地离开了人间。消息传出后，梁启超立即汇奠仪几百元，助其丧葬。同时邀集在北京的前清遗老、北洋显贵以及康门弟子，在先哲祠设灵公祭。梁启超送给老师的挽联是：

祝宗祈死，老眼久枯，翻幸生也有涯，辛免睹全国陆沉鱼烂之惨；

西狩获麟，微言遽绝，正恐天之将丧，不仅动吾党山颓木坏之悲。

　　这副挽联，又将康有为推尊到与孔子齐肩的位置上。梁启超在公祭仪式上，宣读了他写的才华横溢、感情深沉的《公祭康南海先生文》，对康有为在戊戌变法时期的功绩作了充分的肯定，对其参与复辟之役的活动也作了"可以理解"的回护，显示了学生对老师出格的颂扬。

　　梁启超在北京遥对青岛海滨，流泪送走了他的老师。这时的他并不知道，自己的生命也快油尽灯熄，即将走完最后的行程。

　　1928 年，梁启超在北京全力从事《中国文化史》的著述。7 月，早就缠身的肾病转剧。在卧床休养中，他还在进行《辛稼轩先生年谱》的编写。10 多天后，因出现其他并发症，便于 9 月 27 日入协和医院治疗，割去一肾。谁知这是一次重大医疗事故：执刀医生在进行手术时，误将一只健康的肾切除，而将病肾留在了体内。如此一来，本来命不该绝的梁启超，就因为这致命的一刀失去了继续生存的机会。蒙在鼓里的梁启超，躺在医院的病床上，看到《信州府志》，非常高兴，因为这是撰写《辛稼轩先生年谱》的重要参考书。他不等刀口完全愈合，即携书出院，于 10 月 3 日返天津，又伏案急急续写《辛稼轩先生年谱》。10 月 12 日，病势复转剧，只得再赴协和就医，但由于病肾基本上失去功能，病情只能持续恶化。不久，他又添糖尿病。中西医生虽然用尽一切可能的办法挽救他的生命，结果一一失败。1929 年 1 月 19 日，这位中国近代史上著名的政治家和卓越的学者，便在协和医院的病房里溘然长逝，永远结束了他生命的航程，终年 56 岁。在他的案头上，摆放着还未完成的《中国文化史》和《辛稼轩先生年谱》的手稿。在清华园和南开大学的讲堂上，仿佛还历历分明地留着他的足迹，

梁启超55岁像。此照寄赠梁思永

回荡着讲课时的充满感情的抑扬顿挫的声音。

梁启超逝世的消息传出后，在全国，尤其是文化界引起了广泛的悲悼。2月17日在北京和上海两地同时举行了他的追悼会。北京的追悼会在广惠寺举行，军政界要人阎锡山、冯玉祥、孙宝琦、王士珍等送来祭帐和挽联。参加追悼会的500多人大多数是文化界人士，其中有熊希龄、丁文江、胡适、钱玄同、朱希祖、张贻惠、林砺儒、瞿世英、杨树达、熊佛西、余上沅、蓝志先、任鸿隽、陈衡哲、江瀚、王文豹、钱稻孙、袁同礼以及他的学生杨鸿烈、汪震、吴其昌、侯锷、谢国桢等。上海的追悼会在静安寺举行，到会百余人，文化界名流蔡元培、张菊生、陈散原、唐蟒、叶誉虎、刘文岛、高梦旦等出席了追悼会，"白马素车，一时称盛"。

在京、沪两地的梁启超追悼会的灵堂内，悬挂着数以百计的挽联和悼诗。除了杨度的挽联——"事业本寻常，成固欣然，败亦可喜；文章久凋零，人皆欲杀，我独怜才。"——对梁启超略有些不敬的微辞外，其余都是洋洋盈耳的歌功颂德之词。他们高调颂扬他政治上的功业，如蔡元培挽联："保障共和，应与松坡同不朽；宣传欧化，宁辞五就比阿衡。"侯锷挽诗："忧国死未已，新民志可期，平生心力在，回首泪丝垂。独挽神州厄；一言天下惊，此身终报国，何意计勋名，正气永不死，宏篇老更成。"沈恂卿挽诗："万方忧患更何之，新国经纶是导师。"高梦旦挽词："不朽在立言，独有千秋追介甫。自任以天下，何辞五就比阿衡。"丁传绅、傅琳挽联："丙辰义不帝秦，丁巳力主参战，内安外攘，毕竟书生能救国；论著遍九州，声名腾四裔，功成身去，但开风气不为师。"王文濡挽联序："综论一生，以龙卧虎跳之才，建震天动地之业，……故其始也，任维新之先觉，其继也，倒袁讨张，成革命之元勋。指挥若定，大功不居，退隐析津，杜门著述，雅怀高致，操、莽之军阀曾不得而污焉。"挽联其一："齐名南海一圣人，反经合权，先生无忝；同志光绪六君子，投艰遗大，后死为难。"挽联其二："滇南冀北，大业奠邦；公望卓然，孔称知仁勇。"挽联其三："大义光书史，讨袁称皇，遏张复辟。"挽联其四："时势有难言，胜朝王运告终，与南海宗旨保皇，不妨后异；英雄同所见，洪宪盗名声讨，迟中山主张革命，反作前驱。"挽联其五："大声疾呼，壮岁文章，盛名满天下；盖棺定论，后来志业，伟业侔中山。"连当年与梁启超在论战中针锋相对、势同水火的章太炎，也充分肯定了他在反袁窃国的护国运动中的功绩，其挽联云：

> 进退上下，式跃在渊，以师长责言，匡复深心姑屈己；
> 恢诡谲怪，道通为一，逮枭雄僭制，共和再造赉斯人。

挽联、挽诗中更多地赞扬他在近代思想文化学术上的贡献。如张东荪挽联："本方寸间不容已愿轮，为先哲后哲续千灯，学通古今中外，言满天下，名满天下，智过于师，万口争传大王路。"

黄炎培挽诗：

> 丙辰以后千场梦，歌哭为文万象苏。
>
> 新旧一炉发奇彩，昨今百战见真吾。
>
> 尽收情感归椽笔，欲问遗编到石渠。
>
> 东北风云莽无际，惊心海外有焚书。

杨杏佛的挽联："文开白话先河，自有勋劳垂学史。"沈尚耆挽联："三十年来新事业、新智识，新思想，是谁唤起；百千载后论学术、论文章，论人品，自有公评。"唐蟒挽联："开中国风气之先，文化革新，论功不在孙黄后。"王文濡挽联序："整理国故，扶大雅之轮，扬抑古人，秉阳秋之笔。《饮冰》一集，万本万遍，传诵国人。"

梁启超追悼会的空前盛况，挽联、悼诗对他百般的颂扬，都说明他在中国近代史上是一个有着广泛而深刻影响的伟大人物。他一生经历了旧民主主义革命和新民主主义革命两个时代，是 1889 年以后中国 40 年历史舞台上极其活跃的人物。从 1895 年直至逝世，30 多年来中国历史上发生的重大政治事件，几乎都与他有着直接和间接的联系。梁启超一生的经历，在一定程度上成为中国近代史的缩影。梁启超是一个比较复杂的历史人物。作为资产阶级的改良派，在戊戌变法以后，政治上的先进性逐步丧失，但作为著名学者，他学术上的许多重大成就却大都是在晚年做出的。作为一个改良主义者，他有时同洋务派，甚至同清朝顽固派和辛亥革命后的地主买办阶级站在一起，但更多的时候还是保持着自己的独立色彩。面对外国侵略者对中国的打压和损害，他认为"弱国无外交"，在外交政策上主张妥协退让，但在他身上始终没有消尽爱国热情。他虽然一贯坚持反对资产阶级民主革命的立场，但却又一直鼓吹通过改良主义道路建立资产阶级立宪政治（先是君主立宪，后是共和立宪），使灾难深重的祖国走上繁荣富强的现代化之路。终其一生，他身上激荡的始终是爱国主义的动人情怀。

1898 年戊戌变法之前，梁启超作为清代今文经学影响最大的最后一位大师康有为的门生，面对帝国主义的疯狂侵略和清王朝的对外妥协卖国、对内残酷剥削造成的民族危机，极力寻找救国救民的道路，成为那个时代向西方寻找真理的先进的中国人之一。他追随康有为，奔走国事，联络同志，组织力量，撰写文章，鼓吹变法，满腔血泪，慷慨悲歌，大声疾呼亡国危险，对沉睡的中华民族起了一种振聋发聩的作用，产生了广泛的社会影响。这时的梁启超，是以一个热情奔放的年轻爱国者的形象出现于中国历史舞台的。

戊戌变法前后，梁启超襄助康有为，政治上对封建顽固派进行激烈斗争，思想上对"天不变道亦不变"的顽固守旧理论进行了勇敢的冲击，广泛地宣传了资产阶级改良主义的政治理论和历史进化观点，使中国"必须变，应该变，能够变，越变越好"的观念深入人心。在中国近代第一次思想解放的潮流中，立下了不可磨灭的功勋，此期，他宣传上的才能展放异彩，文字的魔力摄魂荡魄，"齐名南海""康梁并称"。梁启超作为具有重大进步意义的戊戌变法维新运动的杰出代表人物，以其不朽的贡献永垂史册。

戊戌政变后，梁启超流亡日本。自此至 1904 年，他先后创办《清议报》《新民丛报》，以此为阵地，继续猛烈攻击以慈禧太后为首的封建顽固派，大胆地揭露和抨击清王朝的黑暗与腐朽。更深入广泛地宣传维新变法的理论。此期，他广泛地介绍欧美各国的政治、经济、历史和文化，大量输入资产阶级各种流派的学术思想，极大地促进了中国民主主义思潮的传播，为中国近代的思想启蒙作出了具有里程碑意义的贡献。同时，他又大力提倡"诗界革命"和"小说界革命"，鼓励诗人和作家进行反映社会现实和鼓吹社

梁启超生平最后一张照片

会变革的创作，使中国近代文学以新的思想、新的意境、新的形式开出了绚丽的花朵。他带头进行文体的改革，以满含感情的笔触，热情奔放的语言，舒展自如的形式，写出了许多脍炙人口的散文和光彩夺目的诗篇。"文名满天下"，成为"舆论界的骄子"，对近代文学的繁荣和新闻事业的发展作出了巨大的贡献。

1905年至1907年，中国的资产阶级革命逐渐走向高潮。此期，梁启超追随康有为，以保皇党为组织依托，以《新民丛报》为宣传舆论阵地，同革命派展开了激烈论战。他歌颂清王朝的"深仁厚泽"，鼓吹中国只能走改良清政府，经过开明专制而建立君主立宪政治的道路。他认定"革命必然引起外国干涉"，带来严重的民族危机。他预言革命必然引起下层社会的暴动，带来接连不断的相续革命，使社会残破，民不聊生，国将不国。在革命派和改良派进行的关于中国走向资本主义不同途径的大论战中，梁启超代替康有为成为改良派的旗帜。为了维护他认定的改良主义道路的正确性，他把攻击的矛头指向了以孙中山为首的资产阶级革命派。尽管他的某些观点从学术上看较之革命派的观点更正确，但从总体上看，他的行动违背了历史潮流。这样，在中国第一次思想解放潮流中叱咤风云、所向披靡的梁启超，在中国第二次思想解放潮流的惊涛骇浪中，就成了逆历史潮流而动的人物。他那些洋洋洒洒的论战文字，给自己先前那光辉的纪念碑蒙上了永远洗不掉的尘埃。

1908 年至 1911 年辛亥革命前，一方面是资产阶级革命派前仆后继，英勇奋斗，以一次次武装起义进行着推翻清王朝的可歌可泣的斗争，一方面是以梁启超为首的立宪派积极进行的君主立宪运动。梁启超是立宪派的灵魂，是清廷立宪运动的实际指导者。他力图通过立宪达到一箭双雕的目的：既抵制革命，又改良清政府。结果是由于顽固派的阻挠，立宪落空，清王朝内部矛盾加深，统治危机加剧，加速了分崩离析，客观上反而有利于革命运动的发展。这一时期梁启超的作用，就其攻击诋毁革命而言，显然是逆历史潮流而动。就其向清王朝争立宪权，无情揭露和抨击清政府的反动和愚蠢来说，客观上又是对革命有利的。

辛亥革命以后，在翻云覆雨的北洋政潮中，梁启超作为共和党、进步党、研究系等资产阶级改良派团体的首领，尽管始终保持着改良派独异的特点，但基本上是在依附北洋军阀的前提下生存。这样，他一方面拥护袁世凯的专制独裁，协助他扑灭革命党发动的"二次革命"；又拥护段祺瑞的武力统一，在"第一流人才内阁"中为他装潢门面。另一方面，他又参与策划"护国之役"和反复辟之役，反对袁世凯的帝制自为和张勋的复辟清室，并且一直为共和立宪奔走呼号。他的活动，集中显示了改良派在"夹攻中奋斗"的左支右绌的尴尬境况。

1917 年，梁启超与研究系的阁僚们一起离开了北洋政府。1918 年，他第三次发表脱离政界的宣言。自此梁启超结束了自己的从政生涯，开始了他最后十年的讲学和著述活动。此后，他虽然没有再入官场，但并没有完全脱离政治。十年中，他始终肩扛着改良主义的旗帜，写文章，作演说，对国际国内发生的任何重大事变都表明自己的态度。他对买办军阀、官僚政客控制的北洋政府虽然也有很多不满意的地方，但却一直想通过改良的方法使这个政府稳定地存在下去。他醉心立宪政治，呼吁市民运动，后来又鼓吹联省自治，目的是想把中国社会引上宪政的轨道，使中国沿着资本主义的道路前进。但是，在帝国主义和买办地主阶级统治的中国，梁启超的理想只能是一种不切实际的空想。他的努力换来的只能是一个又一个失败的记录。

在中国近代史上，梁启超是一位勤奋好学、才华横溢、学识渊博、成绩卓著的学者。他从 1892 年 19 岁时留下我们今天看到的最早的文字《读书分月课程》起，到 1928 年病魔使他停止《中国文化史》的写作为止，36 个春夏秋冬，"平昔眼中无书，手中无笔之日绝少"（《年谱长编·民国十八年》）。他没有哪一年没留下文章和著述。卷帙浩繁的长达 148 卷的《饮冰室合集》，尽管还没有将他全部著作一一收录，但数量已达 1400 万字左右。每年的著述量近 40 万字。如此多产，在中国近代的著作家中，几无一人能望其项背。其用功之勤，著述之丰，下笔之迅捷，是不难想象的。梁启超积极地参与了中国近代的几乎一切政治活动。他的大量文章，涉及了中国近代社会政治、经济、思想和文化各个方面的问题。从戊戌变法至 1928 年国民党新军阀代北洋军阀统一全国止，中国近代 30 年中所发生的任何重大事件，几乎都在他的文章中得到了反映。因此，梁启超的著作是我们今天研究中国近代史，尤其是资产阶级改良派的政治活动和文化学术思想的重要资料。

梁启超的学术著作，涉及哲学、史学、文学、经济、财政、金融、法律、伦理、新闻、宗教等许多学科。时间上囊括古今，地域上兼及中外。尤其在先秦、明清和近代的学术思想研究方面，留下了一大批颇有见地的著作，

整修后的饮冰室。前为梁启超像

产生了巨大的影响，"饮冰一集，万本万遍，传诵国人"。他的《中国历史研究法》在一定程度上建立了中国近代资产阶级的史学理论体系，无论就深度还是广度来说，都超过了同时代的其他资产阶级学者。他不失为中国近代资产阶级学术研究的重要开拓者。

梁启超通过办报和著述，大量地介绍和传播了西方资产阶级的政治、经济、哲学、历史以及道德、美学等的理论和著作。从达尔文的进化论到卢梭的民约论，从德国的古典哲学到英国的古典政治经济学，从克鲁泡特金的无政府主义到英、法等国的空想社会主义，甚至马克思主义经典作家的某些著作，都通过梁启超及其主持的报刊介绍给了中国读者。这些思想和理论的输入，大大扩展了中国人的视野，促进了思想启蒙运动的发展，对近代中国资产阶级革命运动的兴起和革命理论的形成起到了巨大的促进作用。

梁启超又是一个卓越的教育家。戊戌变法前他主持湖南时务学堂时已经显示出教育上的才能，培养出了蔡锷等为代表的一批有才干的学生。在海外流亡时期，他仍在断断续续地授徒讲学。1920 年后，他与近代著名的学者王国维、陈寅恪、赵元任一起担任了清华研究院的导师，同时兼任南开等几所大学的教授。在大学的讲堂上，他传播了资产阶级的哲学、历史等人文科学的理论，传授了资产阶级的治学方法，讲授了十数门历史、文学、哲学等的课程。他渊博的学识，勤奋好学的作风，诲人不倦的精神，循循善诱的教学方法，吸引着大批青年学子。梁启超在其生命的最后 10 年，为中国培养了一批在社会上享有盛誉的学者，在古代文化遗产的整理和研究上做出了重要贡献。

梁启超是一个对中国近代政治和思想文化学术都产生过重要影响的历史人物。他的政治活动构成了中国近代政治史的重要内容，他在思想、文化、学术上的创造成为丰厚的历史文化遗产。批判地继承梁启超的遗产，对于繁荣和发展社会主义的文化、学术，提高全民族的科学文化水平，无疑具有积极意义。

梁启超年谱简编

1873 年

正月二十六日（1911 年前月历均用农历），公历 2 月 23 日，梁启超生于广东新会县熊子乡茶坑村。

1877 年至 1881 年　4 岁至 8 岁

在家由祖父和母亲教读四书五经。

从父授《中国史略》，学作文。

1882 年　9 岁

就学于新会城周惺吾。

初应广州童子试，因舟中吟诗，获"神童"之名。

是年，法国侵略军占领越南河内。中俄订立《中俄伊犁界约》。

1884 年　11 岁

应广州学院试，中秀才，补博士弟子员。

是年，中法战争爆发。

1885 年　12 岁

赴广州求学，入学海堂，就学于吕拔湖。

是年，中法战争继续进行，中国军队取胜，李鸿章与法国签订《天津条约》，承认越南为法国保护国。

1886 年　13 岁

学海堂读书，就学于陈梅坪。

是年，《大清会典》书成，《天津时报》创刊。

1887 年　14 岁

学海堂读书，就学于石星巢。

生母赵氏夫人卒。

是年，光绪皇帝亲政，英国苏格兰长老会教士韦廉臣在上海成立"广学会"。

1888 年　15 岁

为学海堂正班生，同时兼做菊坡、粤秀、粤华书院外生。

是年，康有为第一次赴京向光绪皇帝上书。北洋水师成军。

1889 年　16 岁

参加广东乡试，中举，榜列第八名。主考官李端棻以其堂妹许之。

是年，清政府命海军衙门筹办全国铁路。

1890 年　17 岁

春，入京参加会试，不第。

八月，经陈千秋介绍，得见康有为，拜于门下。

是年，四川大足县余栋臣领导反对法国传教士暴行的武装起义。中国与英国签订《中英会议藏印条约》。

1891 年　18 岁

入万木草堂，就学于康有为，同时助其编纂《新学伪经考》和《孔子改制考》。

冬，入京与李蕙仙完婚。

是年，外国传教士、教民与各地百姓矛盾加剧，教、民冲突不断。东北金丹教掀起声势浩大起义。

1892 年　19 岁

祖父卒，回乡居年余。

是年，沙俄出兵帕米尔地区，强占我国领土 2 万多平方千米。

1893 年　20 岁

居家读书，准备会试。

是年，中外商人合办之《新闻报》创刊于上海。毛泽东生于湖南湘潭县韶山冲。

1894 年　21 岁

二月，随康有为入京，准备参加明年举行的会试。

十月，由京至沪。冬，返广东，讲学于东莞。

是年，朝鲜东学党起义。中、日两国派军入朝，中日甲午战争爆发，中国陆海军惨败，日军侵入辽东，大肆屠杀中国军民。孙中山在檀香山成立第一个革命小团体兴中会。

1895 年　22 岁

二月，随康有为入京参加会试，落第。

三月，参与"公车上书"。

六月，参与创办《中外纪闻》。

七月，参与创建强学会，任书记。同时被李提摩太聘为秘书。

是年，中日战争继续进行，中国陆海军惨败，清政府与日本签订丧权辱国的《马关条约》。孙中山谋划广州起义失败。清政府初设新建陆军，任命袁世凯督练。

1896 年　23 岁

二月，由京赴沪，与汪康年等筹备《时务报》。七月，出报，任总撰述。连续发表《变法通议》等文章，声名鹊起。

十二月，至武昌，谒湖广总督张之洞。

是年，李鸿章代表清政府在彼得堡与俄国签订《中俄密约》。清政府设立铁路总公司。

1897 年　24 岁

十月，应聘为湖南时务学堂总教习。

参与创办不缠足会和女学堂，继续为《时务报》撰写鼓吹变法维新的文章。

是年，康广仁、徐勤在澳门创办《知新报》。严复等在天津创办《国闻报》。"钜野教案"发生，德军强占胶州湾，俄军强占旅大。

1898 年　25 岁

正月，大病，入沪治疗。二月，入京参加春官考试。

三月六日，上书清廷，力言旅大不可割。

四月二十三日（6月1日），参与"百日维新"。光绪皇帝赏六品卿衔，奉旨办译书局事务。

六月，政变发生，在日本人保护下经由天津逃往日本。与陈少白等革命党人往还，协商与兴中会合作事宜，因康有为阻挠，未果。

十月，在日本横滨创办《清议报》，撰《戊戌政变记》、《光绪圣政记》等著作。

是年，德、英、俄、日、法等帝国主义国家在中国掀起"划分势力范围"的狂潮。中国遭遇空前的民族危机。康有为等创立的推动变法维新的粤学会、闽学会、保国会相继出现，通过光绪皇帝"明定国是"，掀起声势浩大的"百日维新"运动，但因慈禧太后为代表的封建顽固势力发动政变，变法运动失败，六君子谭嗣同、林旭、杨锐、刘光第、康广仁、杨深秀死难。设立京师大学堂、农工商总局。

1899 年　26 岁

继续主编《清议报》，开始以"饮冰室主人"的笔名写文章，《自由书》等名文写于是年。

三月，赴夏威夷，在该地创办维新会。

五月，参与康有为组织保皇会活动。

十一月，赴美国。

是年，教、民冲突加剧，义和团运动在山东、河北兴起，渐成燎原之势。

1900 年　27 岁

春夏，参与唐才常"自立军"起事。

八月，至香港、新加坡、澳洲等地活动，为保皇会奔走宣传。

撰《立宪法议》等文章，鼓吹君主立宪。上书李鸿章、张之洞，劝其维持光绪皇帝帝位。

是年，义和团运动达到高潮，英、法、德、意、美、俄、奥、日八国联军侵略中国，攻陷北京，慈禧太后和光绪皇帝逃到西安。义和团与部分清军英勇抵抗侵略军。郑士良奉孙中山之命，发动惠州起义，失败。

1901 年　28 岁

十月，由澳大利亚经菲律宾返日。《清议报》停刊。

撰《康南海先生传》《李鸿章》等著作。

是年，李鸿章代表清政府与德、英、法、日、意、俄等 11 国签订《议和条约》12 条，即《辛丑条约》。清政府下令废科举，改试策论，命各省、府、州、县分设中学堂和小学堂。

1902 年　29 岁

二月，在日本创《新民丛报》。秋，创《新小说报》，同时倡"小说界革命"和"诗界革命"。撰《新民说》等几十篇文章。

是年，章太炎等人在日本东京召开"支那亡国二百四十二年纪念会"，又与蔡元培等人在上海发起成立中国教育会。不久，又创办爱国学社，蔡元培为总理。

1903 年　30 岁

正月至九月，游加拿大、美国。

十二月，撰《新大陆游记》。

本年撰《论中国国民之品格》等十多篇文章。

是年，留日的湖北学生创办革命刊物《湖北学生界》（后改名《汉声》），浙江学生创办《浙江潮》，江苏学生创办《江苏》。章太炎等创办《苏报》于上海，邹容的《革命军》出版，清政府查封《苏报》和爱国学社，形成震惊一时的《苏报》案。陈天华所著《猛回头》《警世钟》两书在日本出版。

1904 年　31 岁

居日本横滨，撰《中国历史上革命之研究》《子墨子学说》《中国之武士道》等文章。

是年，日俄战争爆发，中国东北成为战场，清政府宣布"中立"。华兴会在长沙成立，黄兴任会长。光复会在上海成立，蔡元培为会长。《东方杂志》创刊。

1905 年　32 岁

撰《开明专制论》等文章，鼓吹改良，反对革命，与革命派进行大论战。

是年，日俄战争以日本的胜利而结束。同盟会于日本东京成立，孙中山被选为总理。清政府派五大臣出洋"考察宪政"。

1906 年　33 岁

代五大臣拟出洋考察报告《东西方宪政之比较》，继续与革命派论战。

是年，刘静庵等在湖北武昌成立日知会。哥老会与同盟会员刘道一共同策划发动萍乡、醴陵、浏阳起义。张謇、汤寿潜成立预备立宪公会于上海。

1907 年　34 岁

继续与革命派论战。

七月，于日本成立政闻社，撰《政闻社宣言书》，鼓吹君主立宪。

是年，秋瑾主编的《中国女报》于上海创刊，宣传妇女解放。康有为将保皇会改组为国民宪政会。同盟会发动广东潮州黄冈、惠州七女湖、钦州和广西镇南关起义。革命党人徐锡麟和秋瑾就义。

1908 年　35 岁

七月，清政府下令取缔政闻社。

撰《王荆公》等著作。

是年，黄兴领导钦、廉起义。黄明堂、王和顺发动云南河口之役。熊成基发动安庆之役。光绪皇帝和慈禧太后相继病逝，溥仪即位，其父载沣以摄政王当国。清政府宣布预备立宪，期限九年。

1909 年　36 岁

撰《管子传》以及关于宪政和财政、经济的多篇文章。

是年，孙武、焦达峰于武昌建立共进会总部。张謇等发起各省咨议局联合大会于上海举行，并向清廷请愿，要求速开国会，成立责任内阁。

1910 年　37 岁

二月，载涛抵日。梁连上两笺求见，未果。

撰关于财政、外债、立宪、外交等问题的文章 70 余篇。

《新民丛报》停刊，另创《国风报》。

是年，倪映典率新军发动广州之役。光复会于东京成立总部，推章太炎、陶成章为正、副会长。汪精卫等谋刺载沣失败。湖北新军革命团体群治学社更名振武学社，推王鹏为社长，后由蒋翊武主持。由于资政院请愿要求速开国会，清政府下诏于宣统五年开设议院，并预行组织内阁。

1911 年　38 岁

二月，游台湾。

十一月初，由日本返国，至大连、沈阳，再返日。

十一月八日，袁世凯任清政府内阁总理大臣，任梁为法部副大臣，梁辞不就。

撰文 20 多篇，继续鼓吹君主立宪。

是年，四川发生保路运动。辛亥革命爆发，在武昌成立中华民国军政府。接着，湖南、陕西、江西、广东、山西、云南、上海、贵州、广西、浙江、安徽、山东、江苏、四川等相继宣布独立。接着，独立17省区决定成立中华民国临时政府，推孙中山为临时大总统。

1912年　39岁

10月（自本年起月历用公历），由日本回国，经天津至北京。写文章，作演说，继续鼓吹宪政。

《国风报》停刊，创《庸言》杂志。

是年1月1日，孙中山就任中华民国临时大总统。2月12日，清帝宣布退位。14日，孙中山辞去临时大总统，15日，参议院选举袁世凯为临时大总统。8月25日，由同盟会、统一共和党、国民公党、国民共进会、共和实进会联合组成国民党，推举孙中山为理事长。

1913年　40岁

5月，进步党成立，梁任理事。

9月，熊希龄内阁成立，梁任司法总长。

是年3月20日，袁世凯派人刺杀宋教仁。7月12日，国民党人发动的"二次革命"爆发。9月，被袁世凯以武力扑灭。

1914年　41岁

2月12日，熊希龄内阁辞职，梁辞去司法总长，就任币制局总裁。

6月22日，参议院成立，梁任参政。撰《欧洲战役史论》。

是年，袁世凯加速专制独裁步伐。孙中山在日本组织中华革命党。

1915年　42岁

1月20日，创办《大中华》月刊。辞币制局总裁。

2月，袁世凯聘梁为政治顾问。

1至5月，"中日二十一条"交涉期间，撰《中日交涉汇评》。

6月，与冯国璋一起见袁世凯，劝其放弃帝制。

7月，撰《异哉所谓国体问题者》，年底，公开发表。

12月，以南下省亲为名，离津赴沪。行前投《上总统书》，对袁进行最后规劝。之后代蔡锷、刘显世拟云南、贵州的反袁通电。

年底，撰《吾今后所以报国者》，宣言自此放弃做官从政。

是年，"中日二十一条"交涉，全国掀起反对袁世凯卖国和抗议日本侵略中国的爱国运动。8月，杨度、孙毓筠、严复等在北京组织筹安会，为袁世凯的帝制活动进行谋划。12月11日，袁世凯被代行立法院"推戴"为"中华帝国皇帝"。12月25日，蔡锷等在云南通电反袁，组织护国军，进军四川，护国之役开始。《新青年》创刊，新文化运动开始。

1916年　43岁

1月至3月初，在上海策动贵州、广西反袁。

3月4日，乘日本船经香港、越南，于3月下旬抵广西龙州，促使广西宣布独立。

4月初，抵南宁，全力策动广东独立。

4月19日，护国军两广都司令部在肇庆成立，梁任参谋。

5月8日，护国军在肇庆成立军务院，梁任抚军兼政务委员长。

6月6日，袁世凯死，梁赴沪。

7月15日，促成军务院解散，南北又归"统一"。

研究系成立，梁为事实上的领袖。

本年撰文甚多，大都与护国之役有关，后大部收入《盾鼻集》。

是年，袁世凯帝制自为，全国掀起反袁浪潮。袁死后，黎元洪继任总统。蔡元培任北京大学校长。

1917年　44岁

1月，由沪入京。

7月1日，张勋策动溥仪复辟。梁参与段祺瑞的"反复辟之役"。

7月17日，任段祺瑞内阁的财政总长。

11月15日，辞去财政总长，从此结束从政生涯。

是年，历经黎元洪和段祺瑞的府、院之争、对德参战案、张勋复辟、反复辟、护法战争，形成南北两政府的对立。

1918年　45岁

12月，与丁文江、张君劢、蒋百里等结伴去欧洲游历。

是年，北洋政府与广州政府在和、战交替中折冲。李大钊与陈独秀创办《每周评论》。孙中山著《孙文学说》成书。第一次世界大战结束，北京政府派出陆徵祥为参加欧战和会专使。

1919年　46岁

全年在欧洲，游历了英、法、德、意等国。11月，会见英国哲学家柏格森，在法国参观巴黎和会。

创办《解放与改造》杂志，梁为之拟《发刊词》。

是年，巴黎和会开幕，北京政府派出以陆徵祥为首的代表团参加。因和会在西方列强操纵下同意将德国在山东的权益转让日本，中国爆发了反对帝国主义侵略和北京政府卖国的"五四"运动。《每周评论》发表《共产党宣言》（摘译），《新青年》出版"马克思主义专号"。李大钊等发起组织少年中国学会，创办《少年中国》月刊，毛泽东等参加该会。毛泽东创办《湘江评论》。周恩来在天津组织觉悟社。孙中山在上海改组中华革命党为国民党。

1920年　47岁

春，欧游归国，任清华研究院导师直至逝世。

撰《欧游心影录》《清代学术概论》等著作。

是年，周恩来主编的《觉悟》于天津出版。李大钊等发起组织"马克思学说研究会"。陈望道译《共产党宣言》在上海出版。《新青年》出刊"劳动纪念专号"。陈独秀在上海发起组织共产主义小组和马克思主义研究会,北京、湖南、广州、济南、武汉等地相继成立共产主义小组或马克思学说研究会。

1921 年　48 岁

著文参与"社会主义问题"论战,又倡导"市民运动",鼓吹"联省自治"。

撰《墨子校释》《墨子学案》等著作,在南开大学讲授《中国历史研究法》。

是年,中国共产党成立。孙中山在广州就任非常大总统。

1922 年　49 岁

从 4 月 1 日起,先后在北京、济南、苏州、上海、南京、南通等地讲学。

撰《先秦政治思想史》等著作。

是年,共产党领导的工人运动蓬勃展开,香港海员大罢工取得胜利。中国共产党在上海举行第二次全国代表大会,创办机关报《向导》。

1923 年　50 岁

1 至 3 月,继续在苏州、南京等地讲学。

夏,参与"科学与玄学"的论战。

冬,在清华讲《中国学术史》,出版时易名为《中国近三百年学术史》。

撰《戴东原哲学》《国学入门书要目及其读法》等文章。

是年,孙中山与苏联代表越飞会谈,发表《孙文越飞宣言》。孙中山在广州设大元帅府,就任大元帅。不久召开国民党改组会,发表《中国国民党改组宣言》。中国共产党在广州举行第三次全国代表大会。曹锟贿选总统。

1924 年　51 岁

8 月,夫人李蕙仙卒。

会见印度诗人泰戈尔。

撰《中国之美文及其历史》《桃花扇注》等。

是年，中国国民党第一次全国代表大会在广州召开，通过《中国国民党第一次全国代表大会宣言》，提出"联俄、联共、扶助农工"三大政策，标志国共统一战线形成。国民党发表《北伐宣言》。

1925 年　52 岁

5 至 6 月，"五卅"惨案期间，撰《谈判与宣战》一组时评。

在清华研究院讲授《中国历史研究法（补编）》《要籍解题及其读法》《儒家哲学》。

是年，孙中山逝世。上海发生"五卅"惨案。

1926 年　53 岁

撰《王阳明知行合一之教》《中国考古学之过去及将来》等著作。

是年，国民党召开第二次全国代表大会，重申三大政策。北京发生"三一八"惨案。蒋介石制造"中山舰事件"。国民政府发表《北伐宣言》，革命军誓师北伐，很快占领武汉、福州等地，推进至长江流域。

1927 年　54 岁

2 月 5 日，康有为 70 寿日，撰《南海先生七十寿言》。28 日，康有为病逝青岛，梁主持北京的追悼会，撰《公祭康南海先生文》。

撰《中国文化史》《书法指导》《古书真伪及其年代》等著述。

是年，上海工人第三次起义成功。《向导》发表毛泽东《湖南农民运动考察报告》。蒋介石发动"四一二"反革命政变，汪精卫发动"七一五"反革命政变。中国共产党领导"八一"南昌起义，毛泽东领导秋收起义，建立井冈山革命根据地。

1928 年　55 岁

因肾病于 9 月 27 日入协和医院就医，手术失误，误将好肾切除。因倾心著述，未等伤口愈合即返天津。10 月 12 日，因病势转剧，再入协和医院，遂不治。

撰《辛稼轩年谱》。

是年，中国共产党领导红军相继建立湘赣、湘鄂赣、赣东北、闽西、陕北等革命根据地。济南发生日本侵略军屠杀中国人民的"五三"惨案。中国共产党在莫斯科举行第六次代表大会。日本制造"皇姑屯事件"，炸死张作霖，张学良举行"东北易帜"，中国形式上统一于国民政府。

1929 年　56 岁

1 月 9 日，病逝北京协和医院。北京、上海两地举行隆重追悼会，对梁启超的事功、学问给予高度评价。

是年，国民党新军阀蒋、冯、阎等之间发生军阀混战，中国共产党领导红军又相继建立多处革命根据地。